道德经

金帆◎编

海峡出版发行集团 THE STRAITS PUBLISHING & DISTRIBUTING GROUP | 福建教育出版社

图书在版编目（CIP）数据

道德经/金帆编．—福州：福建教育出版社，2018.7（2020.11重印）
（何捷主编）
ISBN 978-7-5334-8120-9

Ⅰ．①道…　Ⅱ．①金…　Ⅲ．①道家②《道德经》—青少年读物　Ⅳ．①B223.1-49

中国版本图书馆CIP数据核字（2018）第090978号

主编　何捷

Daodejing

道德经

金帆　编

出版发行	福建教育出版社 （福州市梦山路27号　邮编：350025　网址：www.fep.com.cn 编辑部电话：0591-83786915 发行部电话：0591-83721876　87115073　010-62027445）
出 版 人	江金辉
印　　刷	北京一鑫印务有限责任公司 （北京市顺义区北务镇政府西200米 邮编：101300）
开　　本	960毫米×1280毫米　1/32
印　　张	6
字　　数	118千字
版　　次	2018年7月第1版　2020年11月第2次印刷
书　　号	ISBN 978-7-5334-8120-9
定　　价	24.00元

总 序 | *FOREWORD*

人生那么短，有时间就读经典

每个人成年后，都有一个难以回避的遗憾——童年的时光那样珍贵，而我们却常常无端浪费。

在我看来，童年，就是阅读的大好时光。有一句心里话，与大家分享：“儿时正是读书时。”你不得不承认，小时候拥有最自由的阅读时间。虽然说那些让人讨厌的作业整天形影不离缠着你，虽然说学习看起来还真的不是那样简单，但和未来要承担繁重工作的你相比，儿时的你，的确有大把大把的时间可以自由支配。儿时，还是最有精力的时候，只有等到你长大，或者像我一样到了中年，你才会知道什么叫做“牵绊”，什么叫做“分散”，什么叫做“心有余而力不足”。而等你感受到的时候，就是遗憾降临的时候。至今清楚地记得，相对于如今的我而言，小的时候我也曾精力充沛，而不能原谅的是，却看着时间大把大把地从我的生命中流逝。

最重要的是，儿时是最能琢磨出读书趣味的时候。因为小，所以你的无知也显得可爱，所以什么都值得你读一读。儿时的好学就是特质，似乎什么都值得你了解，什么对于你来说都是新鲜的。世界上的一切都在召唤你去探索，去改变。无疑，阅读是最佳的方式。阅读，最经济，最简单，最直接，最有效；不知道的，感兴趣的，都可以通过阅读来获取。

这样看来，读书是不二的选择，这点毋庸置疑了。只是要知道：小的时候读了多少？读了什么？怎么读？这些几乎决定了你未来怎么成长，长得好不好，长成什么样。接下来我们就说说“为什么要读经典”。

很多人对我的童年读书经历很感兴趣。他们从我的课堂上，从我出版的教学专著中，做了很多猜测：课上成这样，书出版得这么多，小的时候，他一定读过不少书吧。不然，怎么这样能写，如此能说？大家猜对了，我小的时候，书的确读得多。不过我读的更多的是大家瞧不上的“小人书”，一共好几个抽屉呢。请不要笑话哦，在我童年的那个年代，能够读几个抽屉小人书，一定是“家境优越”“家风正派”的。我的爸爸是党报的编辑，他非常重视我和姐姐的阅读，因此，他花了很多钱，为我们购买了这些小人书。这在当时，算得上是一种奢侈品。所以，我的童年过得是有滋有味的。记不清具体是哪一年，依稀是四年级吧，有一天妈妈下班回来，带给我几页金庸先生写的《射雕英雄传》的残页。所谓“残页”，就是工厂印刷失败后留下的废纸啦。妈妈在新华印刷厂工作，她为我捡回这些残页，并没有太多想法，只是丢给我，让我随便看看。没想到这一看，我就像着了魔似的，开始如饥似渴地读起金庸的武侠小说来，一本接着一本，根本停不下来，真正是到了可以不吃饭、不睡觉也要看的地步。读了如此有意思的书后，那些小人书就排不上队了。瞧，好的作品有曲折动人的情节，有活生生的有血有肉的人物，有精致诱人的细节，有让人沉醉其间的魅力。后来，小学时的每一个中午，我都是捧着厚厚的金庸小说睡着的。再后来，我还把自己的网名起为“语文老顽童”，你一定明白，这是深深地受到了经典武侠小说的影响。

阅读经典，就像用针在你的灵魂里纹绣美图。

中学时，书读得少了。到了师范学校，我全心全意地修炼教师基本功，读得也不够。做了老师，阅读的缺损就来惩罚我了。课设计得很单薄，言论没有内涵，很浅薄，一切都显得轻飘飘的。这个时候，依然是妈妈告诉我：别慌，可以用读书去改变。于是，在妈妈的鼓励下，我又一次开始阅读。真的有惊喜啊，小时候所有的阅读体验都在重新阅读时顺利复活了。阅读，其实就是一种记忆的唤醒，就是一种微火的吹燃。儿童时代所有的阅读，都构成了我们的阅读历史，构成了我们的生命，都成为我们不断成长的动力。儿时阅读，是至关重要的。

我还欣喜地发现：当老师爱上阅读，学生自然爱上阅读。

教师引导儿童阅读，绝非难事，但不要过于强调，大张旗鼓。一个老师爱读书，所带的班级学生自然也爱读书。所以，起初我主张自由阅读，并不做具体的推荐。孩子读得很随意，他们喜欢那些像“饮料”一样，乍一看很刺激的书。虽然读了，但读得不对，进步自然很慢，甚至言行还出现偏差。读什么书，对人的影响是巨大的。后来，我让他们更多关注经典这一类犹如“粮食”一样的书，情况一下得到了好转。什么是像“粮食”一样的经典呢？首先，这些书并不哗众取宠地讨好你，相反，也许你初读时并不感觉“好在哪里”，甚至还有些“读不懂”，或者是读了，有感觉了，但一切都是恬淡的、舒适的、自然的，只是的确有一种说不清楚的诱惑力，让你舍不得放下。之后，你再读，可能就会品出其中的滋味了。这种感觉让人难忘，简直说是无法磨灭。再后来，你也许会不断主动重复阅读，因为你的身体、心灵都在要求你再读一读，你已经和这些经典的书融合在一起了。经典，已经化为你的血液了。这如同粮食对人的给养，让你慢慢成长。在此之后的一生中，无论遇到什么样的情况，经逢各种各样的事，你的脑海中都会冒出一个形象，一个桥段，一个细节，它们都存活在经典中，都在冥冥中给你力量，给你帮助。这就是经典带来的力量。于是，你做出了一个很有意思的决定——把这本书推荐给身边最亲爱的人。

明白了吧，这就是我今天为什么向你推荐这套经典读物的原因了。我也是被经典打动、滋养的。我怎么能独享？当然要和你一起欣赏。

这套近百部的经典，已经不需要再次罗列书名了。对你来说，它们简直就像老朋友，真有一种“低头不见抬头见”的亲切感。但我相信，这一次你阅读它们，阅读这一套丛书，会有很多新的收获。我接下来和大家说说“如何读才好”。

经典，已经摆在我们面前，该怎么去读呢？答案很简单，三个字——慢慢读。

经典是最值得你花时间去品味，去琢磨，甚至多读几遍的。我敢保证，每一次阅读你都会有不同的发现。我希望，你可以不断进步，让阅读的层次不断提升，越读越会读。比如说，有的人读经典，只喜欢其中叙述的故事。的确，故事很精彩，但光是停留在故事，停留在内容，就等于你开采到了一块宝石，但是你却抚摸包裹在外的石衣，还没有看到真正璀璨的光芒。只读故事，损失了经典十分之九的色彩。有的孩子已经知道读经典是需要手到、眼到、口到、心到的，可以做些笔记、摘抄，做一些批注，还可以写一些随想、感受，等等。长期这样阅读经典，等于同时养成一个习惯，让自己的读写能力完成日积月累的增长。一段时间以后，你的语言也发生了变化，你的文章越发的漂亮，你看问题的角度也变得与众不同，这就叫“腹有诗书气自华”。记住，好习惯是需要日积月累的，坚持就是你永远应该保持的姿态。

必须说明，还有一种小孩非常特别。他们读书时善于思考。每次接触经典，他们都会去思考：到底这样的经典是怎么写成的呢？为什么这些故事会流传到今天呢？为什么至今还有那么多人喜欢呢？

带着探索的心，一边想，一边读，你将层层剥笋，如获至宝。每读一次都将增长读与写的功力，变得能读善写。比如说读了《水浒传》，你会发现每个好汉都有他的绰号，而绰号和好汉的特点是相关的，你开始琢磨作者是怎么去构思并写出这么多各具特色的人物呢，哪些细节让我们留下对人物深刻的印象呢。再比如说你发现《西游记》中有一个故事叫“三打白骨精”，《三国演义》中有个故事叫“三顾茅庐”，还有“三气周瑜”，《水浒传》中有“三打祝家庄”的故事。为什么都是“三”呢？是巧合吗？难道真是发生了三次吗？读得多了，你会发现这也许就是一种创作的手法吧。再往下读，你又会看到许许多多的作品中居然都有这个神秘的“三”的存在，慢慢地你就会用“三”的结构来写自己的故事。看，你不就又成长了吗？

阅读了这套书，接触过近百部经典之后，你会非常欢喜，因为收获满满，实实在在。这时候，我希望你把这些经典推荐给自己的小伙伴，或者，直接跟同伴讲这些经典故事吧。经典本身就需要被口耳相传，经典本身就可以通过一次又一次的接力传承下去。你甚至会发现，身边处处都是这些经典的影子。例如，有的经典被拍成电影，有的经典化为一个个细小的话题，有的值得进行专项的研究性学习、主题研究，等等。读经典，让整个人都变了。读经典的妙用就在于“陶冶性灵，变化气质”。

童年正在流逝，还等什么？赶紧读经典吧！

2017年10月

目　录 | *CONTENTS*

总序　人生那么短，有时间就读经典…………何捷

《道德经》导读方案…………1

上　篇

第一章…………6
第二章…………8
第三章…………10
第四章…………12
第五章…………14
第六章…………16
第七章…………18
第八章…………20
第九章…………22
第十章…………24
第十一章…………26

第十二章……28
第十三章……30
第十四章……32
第十五章……34
第十六章……37
第十七章……39
第十八章……41
第十九章……43
第二十章……45
第二十一章……48
第二十二章……50
第二十三章……52
第二十四章……54
第二十五章……56
第二十六章……58
第二十七章……60
第二十八章……62
第二十九章……64
第三十章……66
第三十一章……68
第三十二章……70
第三十三章……72
第三十四章……74
第三十五章……76
第三十六章……78
第三十七章……80

下　篇

第三十八章……84
第三十九章……86
第四十章……89
第四十一章……91
第四十二章……93
第四十三章……95
第四十四章……97
第四十五章……99
第四十六章……101
第四十七章……103
第四十八章……105
第四十九章……107
第五十章……109
第五十一章……111
第五十二章……113
第五十三章……115
第五十四章……117
第五十五章……119
第五十六章……121
第五十七章……123
第五十八章……125
第五十九章……127
第六十章……129
第六十一章……131

第六十二章……133
第六十三章……135
第六十四章……137
第六十五章……139
第六十六章……141
第六十七章……143
第六十八章……145
第六十九章……147
第七十章……149
第七十一章……151
第七十二章……153
第七十三章……155
第七十四章……157
第七十五章……159
第七十六章……161
第七十七章……163
第七十八章……165
第七十九章……167
第八十章……169
第八十一章……171

名句索引……173
名著知识要点……176
阅读达标测试——高考真题回放……178
参考答案……179

《道德经》导读方案

一、掌握重点实词和虚词的含义

学习文言文，首先要掌握和积累丰富的文言词汇。文言文中的基本词汇大多与现代汉语意义相同，这好理解；但有些词，古今意义发生了变化，学习文言文要特别注意这些词语；另外，一些文言虚词，如“之”“乎”“者”“其”之类，意思比较宽泛，在不同的语言环境里，它们的意思可能不同。这就需要联系上下文，正确理解。

如：“万物将自宾”，这里的“宾”不是“宾客”的意思，而是“服从”的意思。

又如：“功成而不有”，“而”作为一个重要的虚词，含义很多，在翻译时我们需要联系上下文的意思。此处的“而”表示转折，可以翻译为“却”。

二、掌握正确翻译句子的方法

古文翻译的要求一般归纳为信、达、雅三项。“信”是指译文要准确地反映作品的含义，避免曲解原文内容；“达”是指译文应该通顺、晓畅，符合现代汉语语法规范；“雅”是指译文不仅要准确、通顺，而且要生动、优美，能再现原作的风格神韵。

古文翻译的方法主要有“直译”和“意译”两种。直译，指紧扣原文，按原文的字词和句子进行对等翻译的方法。它要求忠实于原文，确切表达原意，保持原文的本来面貌；意译，指在透彻理解原文内容的基础上，为体现原作神韵、风貌而进行整体翻译的方法。我们在翻译《道德经》时，结合这两种翻译方法，以“直译”为主，“意译”为辅，既做到了忠实于原著，又使言辞畅达、文采斐然。

如：天下皆知美之为美，斯恶已；皆知善之为善，斯不善已。

译文：天下人都知道美之所以为美，就显露出丑了；都知道善之所以为善，就显露出不善了。

这段译文紧扣原文，字词落实，句法结构基本上与原文对等，属于直译。但对直译又不能简化理解，由于古今汉语在文字、词汇、语法等方面的差异，翻译时对原文做一些适当的调整是必要的，并不会破坏原文的意思。

如：圣人处无为之事，行不言之教；万物作而弗始，生而弗有，为而弗恃，功成而弗居。夫唯弗居，是以不去。

译文：圣人用无为的观点来对待一切事情，用不言的方式对万物施行教化；顺应万物自然生长规律而不强加干涉，培育万物而不据为己有，有所施为但不强加自己的意志，功成业就而不自居，因此其功绩就不会泯灭。

这段译文在翻译时对原文做了一些适当的调整，并不破坏原文的意思。

三、感受《道德经》节奏铿锵、含义隽永的语言特色

《道德经》是我国先秦时期主要的哲学和文学著作，是道家学派的重要经典之一。《道德经》很讲究对仗，对偶句子俯拾皆是，长短句子排列有致，吟诵起来朗朗上口，节奏抑扬顿挫。有一些语句成为千百年来广为传诵的成语，至今仍活跃在人们的语言中。

如大巧若拙、大音希声、大象无形、大盈若冲、大辩若讷等，在我们的学习和生活中就常被用到。

另外一些名句，在人们不断引用的过程中被简化、紧缩，形成了成语、典故。

如：“祸福倚伏”就表达了老子对福祸相互转化的相对论观点。

四、挖掘《道德经》中蕴含的深刻道理

《道德经》在中国文学史、哲学史、美学史和思想史上都占有很重要的地位。老子用语隐晦，善于正言反说。《道德经》启迪着人们自觉修身，完善自我，去追求人生的最高精神境界，实现人生的自我价值和社会价值。《道德经》中蕴含的道理，即使放在我们现今，仍有极强的指导意义。

比如：知人者智，自知者明。

译文：能了解、认识别人是理智，能了解、认识自己是心明。

这就是要求我们要有自知之明，不能妄自尊大。这种思想在今天对我们也有极强的教育意义。

上篇

第一章

本章是《道德经》一书的总纲。老子首先提出并介绍了“道”以及与“道”相互联系的“名”“无”“有”等一系列哲学范畴，并对它们之间的相互关系进行了深入论述。老子认为“道”产生了天地万物，但它不可以用语言来描述，而且非常深奥，不可以轻而易举地领悟，领悟“道”需要一个从“无”到“有”的循序渐进的过程。老子的“道”具有一种对宇宙人生独到的领悟和深刻的体察，这源于他对自然界细致入微的观察。

原文

道①可道②，非常道③；名④可名⑤，非常名。

无⑥，名天地之始；有⑦，名万物之母⑧。

故常无欲⑨，以观其妙⑩；常有欲，以观其徼⑪。

此两者，同出而异名，同谓⑫之玄。玄⑬之又玄，众妙之门⑭。

译文

“道”可以用言语来表述，但不是永恒不变的“道”；“名”可以用文辞去命名，但它不是永恒不变的“名”。

“无”用来表述天地混沌未开之际的原始状况；“有”则是宇宙万物产生之开端。

因此，经常保持清静无欲，以观察“道”的奥妙；经常保持有欲追求，以观察“道”的功用。

“无”与“有”这两者来源相同而名称相异，都可以称之为玄妙，而且是玄妙又玄妙，深远又深远，是解开宇宙天地万物之玄妙的门径。

---

① 道：名词，指的是宇宙的本原和实质。

② 道：动词，解说、表述的意思，犹言“说得出”。

③ 常道：指浑然一体、永恒存在、运动不息的大道。

④ 名:名词，指“道”的形态。

⑤ 名:动词，说明的意思。

⑥ 无：指道。

⑦ 有：指由道产生的万物。

⑧ 母：母体，本原。

⑨ 欲：欲望、追求。

⑩ 妙：奥妙。

⑪ 徼（jiào）：边际、边界，引申为功用的意思。

⑫ 谓：称谓，此为“指称”。

⑬ 玄：玄妙深远的意思。

⑭ 众妙之门：一切奥妙变化的总源头，此用来比喻宇宙万物的总源头“道”。

第二章

本章内容分两部分。前半部分列举出一系列相互对立的事物，用以说明一切事物都有对立面，对立统一是万事万物存在的普遍规律。既然处在矛盾的世界中，那么人们应如何安身立命呢？本章后半部分提出了“无为”的观点。此处所讲的“无为”不是无所作为、随心所欲，而是要以辩证统一的原则指导人们的社会生活，帮助人们寻找顺应自然、遵循事物客观发展的规律。老子以圣人为例，教导人们要有所作为，但不是强作妄为。

原文

天下皆知美之为美，斯[①]恶[②]已[③]；皆知善之为善，斯不善已。

故有无相[④]生，难易相成，长短相形[⑤]，高下相倾[⑥]，音[⑦]声[⑧]相和，先后相随，恒也。

是以圣人[⑨]处无为[⑩]之事，行不言之教；万物作[⑪]而弗[⑫]始，生而弗有，为而弗恃，功成而弗居。夫唯弗居，是以不去。

译文

天下人都知道美之所以为美，就显露出丑了；都知道善之所以为善，就显露出不善了。

所以有和无相依而生，难和易相辅而成，长和短互相比较而显现，高和下互相依靠，音与声互相配合而显得谐和，前和后互相接随，这是恒常的道理。

因此，圣人顺应自然，不胡作非为，注重身教而不以言教，对万物施行教化；顺应万物自然生长规律而不强加干涉，培育万物而不据为己有，有所施为但不强加自己的意志，大功告成而不邀功自傲。正因为他不居功自傲，因此他的功绩就不会泯灭。

---

① 斯：则，就。

② 恶：丑陋。

③ 已：通“矣”。

④ 相：互相。

⑤ 相形：比较、对照中显现出来。

⑥ 倾：侧，依靠。

⑦ 音：声组合为乐，称为“音”。

⑧ 声：单一发声为“声”。

⑨ 圣人：古时人所推崇的最高层次的典范人物。

⑩ 无为：顺应自然，不胡作非为。

⑪ 作：兴起，发生，创造。

⑫ 弗：不。

第三章

本章进一步阐述了老子“无为”的社会政治思想。老子所说的无为，并非不为，而是不妄为，不非为。他认为，体现“道”的“圣人”，要治理百姓，就应当不尊尚贤才异能，以使百姓不争夺权位功名利禄。他所强调的“无为”，即是顺应自然，做到无为而治，其治理社会的效用，显然要比用法律、规章、制度、道德等来约束人的社会行为要合理得多，有力得多。这就是“无为而无不为”的基础含义。

原文

不尚[①]贤[②]，使民不争；不贵[③]难得之货[④]，使民不为盗[⑤]；不见[⑥]可欲，使民心不乱。

是以圣人之治，虚其心[⑦]，实其腹，弱其志[⑧]，强其骨。常使民无知无欲，使夫智者不敢为也。为无为，则无不治[⑨]。

译文

不推崇有才德的人，使老百姓不争夺权位名利；不珍爱难得的财物，使老百姓不去偷窃；不炫耀足以引起贪心的事物，使老百姓心绪安宁。

因此，圣人的治理原则是：净化百姓的心灵，填饱百姓的肚腹，减弱百姓的欲念，增强百姓的筋骨体魄，使民众保持无知无欲，让自作聪明的人不敢妄为。圣人按照“无为”的原则去做，办事顺应自然，那么，天下就不会不太平了。

---

① 尚：崇尚，尊崇。

② 贤：有德行、有才能的人。

③ 贵：重视，珍爱。

④ 货：财物。

⑤ 盗：窃取财物。

⑥ 见（xiàn）：通“现”，出现、显露。此处是显示、炫耀的意思。

⑦ 虚其心：虚，空虚。心，古人以为心主思维，此指思想，头脑。

⑧ 弱其志：使他们减弱欲望。

⑨ 治：治理，此处是治理得天下太平的意思。

第四章

本章承接第一章的内容，对“道”的本质特征、作用和主要内容进行了深入阐述。老子认为“道”无形无象，但又是客观存在的，它好像是自然万物的祖宗，又好像是天帝（上帝）的祖先。“道”是虚无的，人们只能依赖意识去感知它。虽然“道”是虚无的，但它并非一无所有，而是蕴含着物质世界的创造性因素。这种因素存在于天帝产生之前，因而，创造宇宙天地万物的是“道”，而不是天帝，“道”是宇宙至高无上的主宰。

原文

道冲①，而用之或不盈②。渊兮③，似万物之宗④。锉其锐⑤，解其纷⑥，和其光⑦，同其尘⑧。湛⑨兮，似或存⑩。

吾不知谁之子，象⑪帝之先。

译文

大“道”空虚无形，然而它的作用又是无穷无尽的。它是那么深远啊！它好像万物的主宰。它不露锋芒，消解纷争，调和它的光辉，使它混同于尘俗，与其他事物没有什么两样。它隐没不见又好像确确实实地存在。

我不知道它是从哪里产生出来的，好像出现在天帝之前。

---

① 冲：通“盅”（zhōng），器物虚空，比喻空虚。

② 盈：满，引申为尽。

③ 渊兮：深远啊。兮，语助词，表示停顿，意思是“啊”。

④ 宗：主宰。

⑤ 锉其锐：消磨掉它的锐气。锉（cuò），消磨，折去。锐，锐利，锋利。

⑥ 解其纷：消解它的纠纷。

⑦ 和其光：调和、隐蔽它的光芒。

⑧ 同其尘：混同于尘俗。

⑨ 湛（zhàn）：沉没，引申为隐约的意思。这里用来形容“道”隐没于冥暗之中，不见形迹。

⑩ 似或存：似乎存在。连同上文“湛兮”，形容“道”若无若存。

⑪ 象：似乎，好像。

第五章

本章从自然和人类社会两个方面阐述了老子的哲学思想。在对自然界的认识方面表现了无神论的思想倾向，否定当时思想界存在的把天地人格化的观点。对人类社会的认识方面表现了“无为”的社会政治思想，这是对前四章内容的进一步发挥。老子认为，作为圣人——理想的统治者，应当遵循自然规律，无为而治，让老百姓自由作息，而不进行干预。本章由“天道”推论“人道”，由“自然”推论“社会”，核心思想是阐述清静无为的好处。

原文

天地不仁，以万物为刍狗①；圣人不仁，以百姓为刍狗。

天地之间，其犹②橐籥③乎？虚而不屈④，动而愈⑤出。

多言数穷⑥，不如守中⑦。

译文

天地没有偏爱的，对待万事万物就像对待刍狗一样，任凭其自生自灭；圣人也是没有偏爱的，也同样像对待刍狗那样对待百姓，任凭人们繁衍作息。

天地之间，岂不像个风箱一样吗？它空虚而没有穷尽，鼓动越快风力也愈大。

议论越多反而加速败亡，不如保持内心的虚静。

---

① 刍（chú）狗：用草扎成的狗。古代专用于祭祀之中，祭祀完毕，就把它扔掉或烧掉。比喻轻贱无用的东西。

② 犹：如同、好像。

③ 橐籥（tuó yuè）：古代冶炼时为炉火鼓风用的助燃器具，是古代的风箱。

④ 屈（jué）：竭尽，穷尽。

⑤ 愈：更加。

⑥ 数穷：数，通“速”，是加快的意思。穷，困穷，穷尽到头，无路可行。

⑦ 守中：守住虚静。中，通“冲”，指内心的虚静。

第六章

本章运用比喻的修辞手法进一步阐述了“道”的本质特征和作用。用“谷神”的比喻形象地说明“道”空虚无形、神秘莫测，而又确确实实存在的特征。用“玄牝”的比喻形象地说明“道”是产生万事万物的根源。老子是想说明“道”的作用是无穷无尽的，从时间而言，它历久不衰，天长地久；从空间而言，它无处不在，无穷无尽。它孕育着宇宙万物并且生生不息。

原文

谷神[1]不死，是谓玄[2]牝[3]。玄牝之门[4]，是谓天地根。绵绵若存[5]，用之不勤[6]。

译文

生养天地万物的“道”（谷神）是恒常存在的，它就是玄妙莫测的母体。玄妙母体的生育之门，就是天地的根本。它连绵不绝，好像存在，却无法看到，运行而不知倦息。

① 谷神：即指道，生养天地万物的神灵。王弼注云：“谷神，谷中央无者也。”

② 玄：原义是深黑色，有深奥、微妙难测的意思。

③ 牝（pìn）：本义是指雌性的兽类，此处借喻具有无限造物能力的“道”。

④ 门：指产门。此处用来比喻造化天地生育万物的根源。

⑤ 若存：实际存在却无法看到的意思。若，如此、这样。

⑥ 勤：辛劳，倦怠。

第七章

本章以天道推论人道，赞扬了有“道”的圣人先人后己的无私奉献精神，对人类社会的发展具有积极的意义。老子认为，天地由于“不自生”而长存永在，人间圣人由于退身忘私而成就其自身。老子用朴素辩证法的观点，说明利他和利己是统一的，对立着的双方在互相转化，利他往往能转化为利己。老子想以此说服人们都来利他，这种谦退无私的精神，无论在当时还是现在都有积极的一面。

原文

天长地久[①]。天地所以能长且久者，以其不自生[②]，故能长生。

是以圣人后其身而身先[③]，外[④]其身而身存。以其无私，故能成其私[⑤]。

译文

天地是长久存在的。天地之所以能长久存在，是因为它们不为自己生存，所以能够长久生存。

因此，有“道”的圣人遇事谦退无争，反而能在众人之中领先；将自己置于度外，反而能保全自身。正是因为他无私，所以能成就他自身。

---

① 长、久：均指时间长久。

② 以其不自生：因为它不为自己生存。以，因为。

③ 先：居先，占据了前位，此处是高居人上的意思。

④ 外：使动用法，此处是置之度外的意思。

⑤ 成其私：成就自己。

第八章

本章也是以天道来推论人道，以自然界水的品性比喻圣人的品德，表现了老子与世无争的人生态度。老子认为水的品性最接近于“道”，一是滋润万物，二是与世无争，三是甘愿处在卑下之处。最善的人也应该具有这种心态与行为。他可以忍辱负重，能尽其所能地贡献自己的力量去帮助别人，而不会与别人争功争名争利，这就是老子“善利万物而不争”的著名思想。

原文

上善若水①。水善利万物而不争，处众人之所恶②，故几于道③。

居善地，心善渊④，与善仁⑤，言善信，政善治⑥，事善能，动善时⑦。

夫唯不争，故无尤⑧。

译文

最高尚的品格好像水一样。水善于滋养万物而不与万物相争，停留在众人都不喜欢的地方，所以它最接近于“道”。

善于选择合适的地形，居处趋下，心如深渊包容万物，待人真诚、无私，说话恪守信用，为政善于治理国家，处事善于发挥所长，行动善于把握有利的时机。

因为他不与万物相争，所以能避免失误，没有怨咎。

---

①上善若水：最高尚的品格如同水一样。上善即最善。

②处众人之所恶：居于众人所不愿去的地方。

③几于道：接近于“道”。几，接近。

④渊：深，可容纳万物。

⑤与善仁：待人真诚、无私。与，指与别人相交相接。

⑥政善治：为政善于治理国家，从而取得治绩。

⑦动善时：行动善于把握有利的时机。

⑧尤：怨咎，过失，罪过。

第九章

这一章讲为人之道，告诉人们要留有余地，不要把事情做得太过，要把握好度，做到适可而止。老子认为，不论做什么事都不可过度，应该适可而止，锋芒毕露，富贵而骄，居功贪位，都是过度的表现，难免招致灾祸。所以老子谆谆告诫人们不可“盈”，一个人在成就了功名之后，就应当功成身退，这才是长保之道。

原文

持而盈之[①]，不如其已[②]；
揣而锐之[③]，不可长保[④]。
金玉满堂，莫之能守；
富贵而骄，自遗其咎[⑤]。
功遂身退[⑥]，天之道[⑦]也。

译文

与其装得过满而溢出，不如及早停止灌注。

把铁器捶击得又尖又利，难以长久保持。

纵然金玉堆满堂庭，却没有人能够将它守住。

如果富贵到了骄横的程度，那是自己留下了祸根。

功成名就之后，不再身居其位，而应适时退下，这才符合天道。

---

① 持而盈之：持，用手端；盈，满。这里指容器中水注得过满，一端起来便会溢出。

② 不如其已：不如适可而止。已，止。

③ 揣而锐之：把铁器捶击得又尖又利。揣，捶击的意思。

④ 长保：不能长久保存。

⑤ 咎：灾祸。

⑥ 功遂身退：功成名就之后，不再身居其位，而应适时退下。

⑦ 天之道：指自然规律。

第十章

这一章论述了修身养性、爱民治国之道。前半部分运用反问、排比的句式，生动地阐述了修身养性和爱民治国的指导思想，后半部分提出了修身养性所要达到的最高境界，即玄德。老子认为无论是形体还是精神，无论是主观努力还是客观实际，都不可能是完全一致的。但是人们在现实生活中应该将精神和形体合一而不将其分离，即力求物质生活与精神生活和谐统一。

原文

载营魄抱一①，能无离乎？

专气②致柔，能如婴儿乎③？

涤除玄鉴④，能无疵乎？

爱民治国，能无为乎⑤？

天门开阖⑥，能为雌⑦乎？

明白四达，能无知⑧乎？

生之畜⑨之，生而不有，为而不恃，长而不宰，是谓玄德⑩。

译文

精神和身体合一，能不分离吗？

聚结精气达致柔顺，能纯真得像婴儿吗？

清除内心污垢，使之清澈如镜，能做到没有瑕疵吗？

爱民治国，能遵行自然无为的规律吗？

感官常受外界变化的刺激，内心能得到宁静吗？

通达四方，能不用心机吗？

让万事万物自然生长繁殖，培育万物而不据为己有，使之繁盛而不自炫其能，让其成长而不主宰他们，这是最高的美德。

---

① 载营魄抱一：指精神和形体合一，二者合一即合于“道”。载，相当于发语词“夫”。营魄，即魂魄。抱一，即合一。

② 专气：集气。

③ 能如婴儿乎：能像婴儿一样吗？

④ 涤除玄鉴：清除杂念，观察心灵。涤，清除。玄鉴，即指人心灵深处明澈如镜。玄，奥妙深邃。鉴，镜子。

⑤ 能无为乎：能无为而治吗？

⑥ 天门开阖：感官与外界的变化相接触。天门，指耳目口鼻等人的感官。开阖，即动静、变化和运动。

⑦ 雌：宁静。

⑧ 知：通“智”，指心智。

⑨ 畜：养育，繁殖。

⑩ 玄德：玄秘而深邃的德行。

第十一章

本章老子论述了“有”与“无”即实有部分和空虚部分的辩证统一关系。老子通过举例说明“有”和“无”是相互依存的、相互作用的，无形的东西能产生很大的作用，只是不容易被一般人所察觉。他特别把“无”的作用向人们显现出来。也就是说，器物实体这个“有”，只是提供便利的条件；器物中空这个“无”，才是发挥作用的关键。本章所讲的“有”与“无”是就自然界而言的，与第一章所说的“有”与“无”不同，后者是就超自然界而言的，应注意加以区别。

原文

三十辐[①]共一毂[②]，当其无，有车之用[③]。
埏埴[④]以为器，当其无，有器之用。
凿户牖[⑤]以为室，当其无，有室之用。
故有之以为利，无之以为用。

译文

三十根辐条汇集到一个车毂上，因为车毂中空，能令车轮转动。

揉和黏土做成器皿，有了器具中空的地方才有器皿的作用。开门窗、凿窑洞建造房屋，那房屋的空间，是房屋的功用。所以，“有”是物体形成的条件，“无”是物体功用之所在。

---

① 辐：车轮中连接轴心和轮圈的木条，古代的车轮由三十根辐条所构成。

② 毂（gǔ）：是车轮中心的木制圆圈，中有圆孔，即插轴的地方。

③ 当其无，有车之用：有了车毂中空的地方，才有车的作用。

④ 埏埴（shān zhí）：用水和土做成供人饮食使用的器皿。埏，用水和（huó）土。埴，制陶的黏土。

⑤ 户牖：门窗。

第十二章

老子生活的时代，正处于新旧制度交替、社会动荡不安之际。他目睹了奴隶主贵族日趋腐朽糜烂的生活状况，列举了纵情声色的生活方式的种种弊端，提出了“为腹不为目”的生活主张。为“腹”是追求恬淡清净、安定知足的生活方式；不为“目”是不要追求奢侈无度、纵情声色的生活方式。老子告诫人们：要舍弃外界物欲的诱惑，保持内心的清净。这种思想具有一定的积极意义。

原文

五色①令人目盲，五音②令人耳聋，五味③令人口爽④，驰骋⑤畋猎⑥令人心发狂，难得之货令人行妨⑦。

是以圣人为腹不为目⑧。故去彼取此⑨。

译文

缤纷的色彩使人眼花缭乱，嘈杂的音调使人听觉失灵，丰盛的食物使人舌不知味，纵情狩猎使人心发狂，稀有的物品使人行为不轨。

因此，圣人但求生活温饱安宁而不追逐声色之娱，所以摒弃物欲的诱惑而保持安定知足的生活。

---

① 五色：指青、黄、赤、白、黑。此处指色彩多样。

② 五音：指宫、商、角、徵（zhǐ）、羽。此处指各种声音交错纷繁。

③ 五味：指酸、苦、甜、辣、咸。此处指多种多样的美味。

④ 口爽：意思是味觉失灵，生了口病。古代以“爽”为口病的专用名词。

⑤ 驰骋：纵横奔走，比喻纵情玩乐。

⑥ 畋（tián）猎：打猎获取动物。畋，打猎。

⑦ 行妨：伤害操行。

⑧ 为腹不为目：只求生活温饱安宁，而不为纵情声色之娱。“腹”代表一种简朴宁静的生活方式，“目”代表一种巧伪多欲的生活方式。

⑨ 去彼取此：摒弃物欲的诱惑，保持安定知足的生活。

第十三章

本章老子通过对宠辱的论述，批评世人过于看重自身的境遇，提出国君作为天下的治理者应当忘我，达到“无身”的境界，从而做到“贵以身为天下”和“爱以身为天下”，才能承担起治理天下的责任。

原文

宠辱[①]若惊，贵大患若身[②]。

何谓宠辱若惊？宠为上[③]，辱为下；得之若惊，失之若惊，是谓宠辱若惊。

何谓贵大患若身？吾所以有大患者，为吾有身；及吾无身，吾有何患[④]？

故贵以身为天下，若可寄天下；爱以身为天下，若可托天下。

译文

受到宠爱和侮辱都感到震惊，将它看重得如同祸患缠身。

为什么说得宠和受辱都感到震惊？因为得宠是光荣的，被侮辱是卑下的；这样，得到宠信就感到惊喜，失去宠信就感到惊惧，所以说得宠和受辱都同样感到震惊。

为什么说会重视得如同祸患缠身？我之所以有祸患缠身的感觉，是因为太过于看重我自身的存在。如果没有了自身的存在，我哪里会有什么祸患产生？

因此，只有愿意忘我治理天下的人，才可以把天下交给他；只有不顾自身来治理天下的人，才可以把天下托付给他。

---

①宠辱：荣宠和侮辱。

②贵大患若身：贵，看重。将它看重得如同祸患缠身。

③宠为上：受到宠爱是光荣的、上等的。

④及吾无身，吾有何患：如果我没有自身的私利，有什么大患可言？及，通“若”，如果，假设之辞。无身，不留意自身。

第十四章

本章阐述了“道”的本质特征。在第六章和第八章，分别以具体的形象——谷神和水，来比喻“道”的绵延不绝和与世无争。本章以抽象的理解，来描述“道”的性质，并讲到运用“道”的规律。本章老子描述了“一”(即“道”)的虚无缥缈，不可感知，看不见，听不到，摸不着，然而又是确实存在的，是所谓“无状之状，无物之象”。人们如果能够秉承亘古即已存在之道，就能够驾驭今日的各种事物。

原文

视之不见，名曰夷[1]；听之不闻，名曰希[2]；搏之不得，名曰微[3]。此三者不可致诘[4]，故混而为一[5]。其上不皦[6]，其下不昧[7]，绳绳[8]兮不可名，复归于无物。是谓无状之状，无物之象，是谓惚恍[9]。迎之不见其首，随之不见其后。

执古之道，以御今之有。能知古始[10]，是谓道纪[11]。

译文

想看看不见叫作“夷”；想听听不到叫作“希”；想摸摸不着叫作“微”。这三者无从追究，它们本来就浑然而为一体。它的上面既不显得光明、亮堂，它的下面也不显得阴暗、晦涩，无头无绪、绵延不绝却又难以名状，回归到无形无象的状态。它是没有形状的形状，不见物体的形象，所以把它叫作“惚恍”。迎着它却看不见它的头，跟着它又看不见它的背后。

秉承着早已存在的“道”，来驾驭现实存在的事物，能认识了解宇宙的初始，这就叫作认识“道”的规律。

---

① 夷：无色。

② 希：无声。

③ 微：无形。

④ 致诘（jié）：穷究，彻底区分。诘，追问、反问。

⑤ 一：指“道”。

⑥ 皦（jiǎo）：清亮,清晰。

⑦ 昧：阴暗。

⑧ 绳（mǐn）绳：众多貌；绵延不绝。

⑨ 惚恍：若有若无，闪烁不定。

⑩ 古始：宇宙的原始。

⑪ 道纪：“道”的纲纪，即规律。

第十五章

这一章指出得“道”高人的崇高精神境界。老子称赞得“道”之人“微妙玄通，深不可识”，认为他们掌握了事物发展的普遍规律，懂得运用普遍规律来处理现实存在的具体事务。也可以说这是在教一般人怎样掌握和运用“道”。得“道”之人的精神境界远远超出一般人所能理解的水平，他们具有谨慎、洒脱、亲和、纯朴、旷达、浑厚等人格修养，他们微而不显，含而不露，高深莫测，从不自满骄傲。

原文

古之善为道者[①]，微妙玄通，深不可识。夫唯不可识，故强为之容[②]：

豫兮[③]，若冬涉川[④]；犹[⑤]兮，若畏四邻；俨兮[⑥]，其若客；

涣兮，其若凌释[⑦]；敦兮，其若朴[⑧]；旷兮，其若谷[⑨]；

混兮，其若浊[⑩]；澹兮[⑪]，其若海；飂兮[⑫]，若无止。

孰能浊[⑬]以静之徐清？孰能安以动之徐生？

保此道者，不欲盈[⑭]。夫唯不盈，故能蔽而新成[⑮]。

译文

古代的得“道”之人，微妙通达，深邃得难以认识。正因为他难以认识，所以只能勉强地形容他：

他小心谨慎，好像冬天涉过江河；他警觉戒备，好像防备着四面的威胁；他恭敬郑重，好像要去赴宴做客；

他行动洒脱，好像冰块缓缓消融；他纯朴厚道，好像没有经过加工的原料；他旷远豁达，好像深幽的山谷；

他浑厚包容，好像混浊的浊水；他宁静深沉啊，像浩森的大海；他飘扬放逸啊，像永无止境。

谁能使浊流安定下来，在安静中慢慢澄清？谁能在长久的安定之后，又让它逐渐萌动生机？

保持这个“道”的人不会自满，正因为他不自满，所以能够去旧更新。

---

① 善为道者：善于行道之士。

② 容：形容，描述。

③ 豫兮：迟疑慎重。

④ 涉川：渡过江河。

⑤ 犹：犹豫。

⑥ 俨兮：形容端庄、恭敬的样子。

⑦ 凌释：河冰消解。

⑧ 敦兮，其若朴：敦，敦厚。朴，未经加工的素材。

⑨ 旷兮，其若谷：旷，空旷、宽阔。谷，山谷。

⑩ 混兮，其若浊：混，浑厚。其若浊，就像浊流充盈江河。

⑪ 澹（dàn）兮：宁静的样子。

⑫ 飂（liù）兮：飘扬放逸的样子。

⑬ 浊：混浊。

⑭ 不欲盈：不求满。盈，满。

⑮ 蔽而新成：去故更新。

第十六章

本章老子特别强调“致虚”“守静”。他主张人们应当用虚寂沉静的心境，去观察宇宙万物的运动变化。在他看来，万事万物的发展变化都有其自身的规律，从生长到死亡，再生长到再死亡，生生不息，循环往复以至于无穷。老子希望人们能够了解、认识这个规律，并且把它应用到社会生活之中。他提出“归根”“复命”的概念，主张回归到一切存在的根源，认为这是完全虚静的状态，这是一切存在的本性。

原文

致虚极，守静笃[①]。

万物并作[②]，吾以观复[③]。

夫物芸芸[④]，各归其根。归根[⑤]曰静，静曰复命[⑥]。复命曰常[⑦]，知常曰明[⑧]。不知常，妄作凶。

知常容[⑨]，容乃公，公乃全[⑩]，全乃天[⑪]，天乃道，道乃久，没身不殆。

译文

尽力达到心灵空明的极致，坚守清静的最佳状态。

万物一起蓬勃生长，我从中考察其循环往复的道理。

万物尽管纷纷芸芸，最终都各自返回它的根本。返回到它的根本就叫作清静，清静中孕育出新的生命。孕育新生命是正常的自然法则，懂得这一法则便心灵澄明。不懂得自然的法则必然会引发乱子和灾祸。

认识自然规律的人就能包容，能包容就坦然公正，公正坦荡就能周全，周全就能符合天理，符合天理就合于道，符合道就能终生不会遭到危险。

---

① 致虚极，守静笃：使心灵的虚寂达到极点，使生活清静不变。极、笃，意为极度、顶点。

② 作：生长，发展，活动。

③ 复：循环往复。

④ 芸芸：茂盛，纷杂。

⑤ 归根：回归其本原。

⑥ 复命：复归本性，重新孕育生命。

⑦ 常：指万物运动变化的自然法则。

⑧ 明：明白，了解，这里指的是得道者的心灵澄明状态。

⑨ 容：宽容，包容。

⑩ 全：周到，周遍。

⑪ 天：指自然。

第十七章

本章老子阐述了自己的社会政治思想。老子理想中的政治状况是：统治者具有诚朴信实的素质，他悠闲自在，很少发号施令，政府只是服务于人民的工具而已，政治权力丝毫不得迫于人民，让社会能够在自然无为的状态下得到治理。

原文

太上[①]，不知有之[②]；其次，亲而誉之；其次，畏之；其次，侮之。信不足焉[③]，有不信焉。

悠兮[④]其贵言[⑤]。功成事遂，百姓皆谓我自然[⑥]。

译文

最好的统治者，人们不知道他的存在；次一等的统治者，人们亲近并称赞他；再次的统治者，人们畏惧他；更次的统治者，人们侮辱他。正由于统治者的诚信不足，人民才不相信他。

最好的统治者是多么悠闲，他很少发号施令。事情办成功了，人们都说是自然而然。

① 太上：至上、最好，指最好的统治者。

② 不知有之：人民不知有统治者的存在。

③ 信不足焉：国君诚信不够。

④ 悠兮：悠闲自在的样子。

⑤ 贵言：不轻易发号施令。

⑥ 自然：自己本来就如此。

第十八章

本章通过对社会种种病态现象的阐释，进一步表达了事物对立统一、相反相成的朴素辩证法。这一章可以从两方面来理解：一是它的直接内容，即指出君上失德，大道废弃，需要提倡仁义以挽颓风；二是表现了相反相成的辩证法思想，老子把辩证法思想应用于社会，分析了大道与仁义、智慧与虚伪、家庭纠纷与孝慈、国家混乱与忠臣等，都存在着对立统一的关系。

原文

大道废，有仁义[①]；智慧[②]出，有大伪；六亲[③]不和，有孝慈；国家昏乱，有忠臣。

译文

因为大道被废弃了，才提倡起“仁义”；由于智谋的产生，伪诈才盛行一时；家庭六亲不和睦，才知道谁是孝子慈父；国家陷于混乱，才看出所谓忠臣。

① 大道废，有仁义：因为大道被废弃，才开始提倡“仁义”。这并不是说人可以不仁不义，只是说在“大道”中，人自然仁义，那是真仁义。由学习、训练得来的仁义，那就有模拟的成分，同自然而有的真仁义比较起来它就差一点，次一级了。

② 智慧：聪明，智谋。

③ 六亲：父、母、兄、弟、夫、妇。

第十九章

上一章叙述了大道废弃后社会病态的种种表现，本章则针对社会病态，提出了改变社会病态现象的主张和具体措施。老子认为，儒家的“圣智、仁义、巧利”，是统治者扰民的“有为”，是欺骗百姓的“文饰”。抛弃这种扰民的政举，人民就可以得到切实的利益。老子的这一政治主张虽不可取，但他提出的“见素抱朴，少私寡欲”，恢复人的自然本性的观点，并不是没有意义的。

原文

绝圣弃智[①]，民利百倍；绝仁弃义，民复孝慈；绝巧弃利，盗贼无有。此三者[②]以为文[③]，不足。故令有所属[④]：见素抱朴[⑤]，少私寡欲，绝学无忧[⑥]。

译文

抛弃聪明巧智，人民可以得到百倍的益处；抛弃仁义，人民可以恢复孝慈的本性；抛弃巧诈和私利，盗贼也就没有了。圣智、仁义、巧利这三者全是巧妙的装饰，作为治理社会病态的法则是不够的，所以要使民心有所归属：保持纯洁朴厚的天性，减少私欲杂念，摒弃所谓的学问才能免于忧患。

---

① 绝圣弃智：杜绝和抛弃聪明智巧。

② 此三者：指圣智、仁义、巧利。

③ 文：文饰。

④ 属：归属，适从。

⑤ 见素抱朴：保持原有的自然本色。

⑥ 绝学无忧：抛弃圣智、仁义、巧利之学，就没有忧患。

第二十章

本章老子将世俗之人的处世心态和得“道”之人的处世心态作了对比描述，深刻地体现了两种截然对立的人生价值观。文中的“我”不仅指老子个人，而且指一类有抱负、有理想的人。“众人”“俗人”指社会上层，这些人对是非、善恶、美丑的判断，并无严格标准，甚至是混淆的、任意而行的。老子说“我”是“愚人之心”，这当然是正话反说。世俗之人纵情于声色私利，而“我”却甘守淡泊朴素，以求精神的升华。

原文

唯之与阿[①]，相去几何？美之与恶[②]，相去若何？人之所畏[③]，不可不畏。荒兮[④]，其未央[⑤]哉！

众人熙熙[⑥]，如享太牢[⑦]，如春登台[⑧]；我独泊[⑨]兮，其未兆[⑩]。

沌沌兮[⑪]，如婴儿之未孩[⑫]；儽儽兮[⑬]，若无所归。

众人皆有余，而我独若遗[⑭]，我愚人[⑮]之心也哉！

俗人昭昭[⑯]，我独昏昏[⑰]；俗人察察[⑱]，我独闷闷[⑲]。澹兮其若海，飂兮若无止。

众人皆有以[20]，而我独顽且鄙[21]。

我独异于人，而贵食母[22]。

译文

应答和呵斥相距有多远？美好和丑恶相差多少？让别人感到畏惧，自己也不能不畏惧。盲从之风，自古如此，何时止息！

众人都兴高采烈，如同去参加盛大的宴席，如同春天里登台眺望美景；而我却独自淡泊宁静，无动于衷。

混混沌沌，如同婴儿还不会发出嘻笑声；疲倦闲散，好像浪子没有归宿。

众人都感到满足，而我却一无所有。我真有一颗愚人的心啊！

众人都自我炫耀，唯独我迷迷糊糊；众人精明，唯独我茫然无知。心是那样辽阔，就像大海无边无际。思绪就像疾风劲吹，飘扬万里没有尽头。

世人都精明灵巧有本领，唯独我愚昧而笨拙。

我与众人不同，着重寻求道的滋养。

① 唯之与阿（ē）：唯声与阿声。唯，恭敬的答应声，这是晚辈回答长辈的声音。阿，怠慢的答应声，这是长辈回答晚辈的声音。唯的声音低，阿的声音高，这是区别尊贵与卑贱的用语。

② 美之与恶：即美丑、善恶。美，作善解。恶，作丑解。

③ 畏：惧怕，畏惧。

④ 荒兮：广漠、遥远的样子。

⑤ 未央：未尽，未完。

⑥ 熙熙：熙，和乐，用以形容纵情奔欲、兴高采烈的情状。

⑦ 太牢：用牛、羊、猪三种牲畜的肉做成的食品，用于祭祀或盛筵，称为太牢。

⑧ 如春登台：好似在春天里登台眺望。

⑨ 泊：淡泊，恬静。

⑩ 未兆：没有征兆、没有预感和迹象，形容无动于衷，不炫耀自己。

⑪ 沌沌兮：混沌，不清楚。

⑫ 孩：同“咳”，形容婴儿的笑声。

⑬ 儽（léi）儽兮：疲倦闲散的样子。

⑭ 遗：不足。

⑮ 愚人：蠢笨的人。

⑯ 昭昭：智巧光耀的样子。

⑰ 昏昏：愚钝暗昧的样子。

⑱ 察察：精明的样子。

⑲ 闷闷：糊里糊涂的样子。

⑳ 有以：有用，有为，有本领。

㉑ 顽且鄙：形容鄙陋、笨拙。

㉒ 母：母用以比喻“道”，道是生育天地万物之母。

第二十一章

本章阐述了两方面内容：一是讲“道”与“德”的关系，老子提出“德”的内容是由“道”决定的，“道”的属性表现为“德”。“道”是无形的，它作用于物而得以显现它的功能，老子把这称为“德”；“道”产生了万事万物，在一切事物中表现它的属性，也就是表现了它的“德”。二是讲“道”的一些本质特征。阐述了“道”的物质性，用“象”“物”“精”“信”等的存在论证了“道”存在的客观事实。

原文

孔①德②之容③，惟道是从。

道之为物，惟恍惟惚④。惚兮恍兮，其中有象⑤；恍兮惚兮，其中有物。窈⑥兮冥⑦兮，其中有精⑧；其精甚真⑨，其中有信⑩。

自今及古，其名不去，以阅众甫⑪。吾何以知众甫之状哉？以此⑫。

译文

大德的行动，遵从于道。

“道”这个东西，没有清楚的固定实体。它是那样的恍恍惚惚，其中却有形象；它是那样的缥缈迷离，其中却有实物。它是那样的深远暗昧，其中却有精气；这精气清晰可知，真实而又可信。

从现今上溯到古代，它的功用不变，依靠它才能观察万物的初始。我怎么才能知道万事万物开始的情况呢？是依据于道。

---

① 孔：盛，大。

② 德：“道”在具体事物中的体现和作用。

③ 容：容貌，形态。

④ 惚：不清楚。

⑤ 象：形象。

⑥ 窈：深远，微不可见。

⑦ 冥：暗昧，深不可测。

⑧ 精：最微小的原质，微小中之最微小。

⑨ 甚真：很真实的。

⑩ 信：验证。

⑪ 以阅众甫：依靠它来认识万物的本始。阅，查验、认识。甫，本始。

⑫ 此：指“道”。

第二十二章

本章老子运用丰富的生活经验论述了矛盾的两个方面互相转化的辩证法思想，分析了为人处世“不争”的道理。本章一开头，老子就用了六组矛盾，讲述事物由一面向相反或相对的另一面转化的辩证法思想，即弯曲和保全、委屈和伸直、低洼和盈溢、破旧和更新、少取和多得、贪多和迷惑。他用辩证法思想作为观察处理社会生活的原则，最后他得出的结论是“不争”。

原文

曲则全，枉①则直，洼则盈，敝②则新，少则得，多则惑。

是以圣人抱一③为天下式④。不自见，故明⑤；不自是，故彰；不自伐⑥，故有功；不自矜，故长。

夫唯不争，故天下莫能与之争。古之所谓曲则全者，岂虚言哉？诚全而归之。

译文

弯曲便会保全，委屈便会伸直，低洼便会充盈，破旧便会更新，少取便会多得，贪多便会迷惑。

所以圣人守道，作为天下的范式。不自我表现，因此是非分明；不自以为是，因此声名彰显；不自我夸耀，因此能建立功勋；不自高自大，因此能长久。

正因为不与人争，所以天下没有人能与他争。古代所谓“弯曲便会保全”的话，怎么会是空话呢？确实做到周全，就会回归于道。

---

① 枉：弯曲。

② 敝：破旧。

③ 抱一：守“道”。抱，守。一，即“道”。

④ 式：法式，范式。

⑤ 明：明白。

⑥ 伐：夸耀。

第二十三章

本章阐述有关治国的理念。首先便提出“希言自然”，从字面上解释，“希言自然”是少说话，以符合自然的法则。但深层意思是说统治者应当少发号施令。因为道法自然，而自然是“希言”的，虽然也有飘风、骤雨这样的自然现象，但时间极短，难以持久。在大多数时间里，自然界总体还是处于相对平静的状态中。因此统治者也不要总在那里发号施令，应让社会保持平静的自然状态。

原文

希言[①]自然。故飘风[②]不终朝，骤雨[③]不终日。孰为此者？天地。天地尚不能久，而况人乎？

故从事于道者[④]，同于道；德者，同于德；失者，同于失[⑤]。同于道者，道亦得之；同于失者，道亦失之。

信不足焉，有不信焉！

译文

统治者少施加政令、不扰民是合乎于自然规律的。狂风刮不了一个早晨，暴雨下不了一整天，谁使它们这样的呢？天地。天地的狂风暴雨尚且不能长久，更何况是人呢？

所以寻求道的人要与道合一，寻求德的人要与德合一，失道与失德的人与失合一。与道合一的人，道也得到他；与失合一的人，就失去了道。

诚信缺失了，民众就不会信从他。

---

① 希言：少说话。此处指统治者少施加政令、不扰民。

② 飘风：大风，强风。

③ 骤雨：大雨，暴雨。

④ 从事于道者：寻求道的人。

⑤ 失：指失道或失德。

第二十四章

本章老子以“企者不立，跨者不行”做比喻，告诫人们凡事物都不要过分，过分的行为其结果适得其反，因此像“自见”“自是”“自伐”“自矜”等都如同残羹赘肉一样是多余的行为，都是过分的表现，因而得“道”的人是不会这样做的。本章不仅说明急躁冒进、自我炫耀的行为不可取，也暗示着雷厉风行的政举将不被人们所普遍接受。本章中仍然贯串着“以退为进”和所谓“委曲求全”的处世哲学。

原文

企[①]者不立，跨[②]者不行。自见者，不明；自是者，不彰；自伐者，无功；自矜者，不长。

其在道也，曰余食赘行[③]，物或恶之，故有道者不处。

译文

踮起脚跟想要站得高，反而站立不住，迈起大步想要前进得快，反而不能远行。爱表现的人，不高明；自以为是的人，得不到名声；自我夸耀的人，建立不起功勋；自高自大的人，领导不了众人。

从道的角度看，以上这些行为可以说是剩饭和赘瘤，人人都会厌恶，所以有道的人不会这样做。

---

① 企：同“跂”，意为踮起脚跟，脚尖着地。

② 跨：跃过，阔步而行。

③ 余食赘行：剩饭赘瘤。余食，剩饭。赘，多余的。行，即“形”。

第二十五章

本章进一步阐明了“道”的本质特征，是《道德经》里很重要的内容。“有物混成”，用以说明“道”是混沌而成的，是圆满和谐的整体。“道”无声无形，先天地而存在，是产生天地万物之“母”。客观世界的一切都是相对而存在的，唯“道”是“独立而不改”的。老子提出“道”“天”“地”“人”这四个存在，“道”是第一位的。它经过运转变动又回到原始状态，这个状态就是事物得以产生的最基本、最根源的地方。

原文

有物[①]混成[②]，先天地生。寂兮寥兮[③]，独立而不改[④]，周行[⑤]而不殆[⑥]，可以为天地母[⑦]。吾不知其名，强字之曰道[⑧]，强为之名曰大[⑨]。大曰逝[⑩]，逝曰远，远曰反[⑪]。

故道大，天大，地大，人亦大[⑫]。域中[⑬]有四大，而人居其一焉。

人法地，地法天，天法道，道法自然[⑭]。

译文

有物浑然一体，在天地形成之前就已经存在。无声又无形，不依靠任何外力而独立长存，循环运行而永不衰竭，可以说是万物的根本。我不知道它的名字，勉强地把它叫作“道”，勉强地给它起个名字叫作“大”。它广大无边而运行不息，运行不息而伸展遥远，伸展遥远又返回本原。

所以说道大、天大、地大、人也大。宇宙间有四大，人居其中之一。

人取法地，地取法天，天取法道，而道本性自然。

---

① 物：指“道”。

② 混成：混沌而成。

③ 寂兮寥兮：寂，寂静，安静。寥，无形，空虚。

④ 独立而不改：形容“道”的独立性和永恒性。

⑤ 周行：循环运行。

⑥ 不殆：不息。殆，停止。

⑦ 天地母：母，指“道”，天地万物由“道”而产生，故称“母”。

⑧ 强字之曰道：勉强命名它叫“道”。强，勉强。

⑨ 大：形容“道”是无边无际、力量无穷的。

⑩ 逝：指“道”的运行川流不息、永不停止的状态。

⑪ 反：返回原点，返回原状。

⑫ 人亦大：意为人乃万物之灵。

⑬ 域中：即空间之中，宇宙之间。

⑭ 道法自然：人法地，地法天，天法道，道法自然。这并不是说，于道之上，还有一个“自然”，为“道”所取法。“自然”只是形容“道”生万物的无目的、无意识的程序。“自然”是一个形容词，并不是另外一种东西。

第二十六章

本章开宗名义，从正面提出论点，认为“重为轻根，静为躁君”，紧接着用正反两个例子印证了所提出来的论点，最后得出结论：“轻则失根，躁则失君。”在重轻、躁静关系中，重是轻的根基，静是躁的主导，应当关注根本，不尚轻浮，不可躁动，只有这样来治理天下，才能够使天下大治。

原文

重为轻根，静为躁[①]君[②]。是以君子终日行不离辎重[③]。

虽有荣观[④]，燕处超然[⑤]。奈何万乘之主而以身轻天下[⑥]？

轻则失根[⑦]，躁则失君。

译文

稳重是轻率的主宰，静定是浮躁的主宰。因此君子终日行走，不离开载装粮草行李的车辆。

虽然有美食胜景吸引着他，他却能淡然处之。为什么大国的君主，还要轻浮地面对天下呢？

轻率就会失去根本，浮躁就会丧失主宰。

---

① 躁：浮躁。

② 君：主宰。

③ 辎（zī）重：行军时所带的粮草、装备等。

④ 荣观：美好的景观。

⑤ 燕处超然：安居之地，安然处之。

⑥ 以身轻天下：轻浮地面对天下。

⑦ 轻则失根：轻浮纵欲，则会失去立身之根本。

第二十七章

本章是老子对顺乎自然、“无为而无不为”思想的深入阐发。老子用“善行”“善言”“善数”“善闭”“善结”做喻，说明人只要善于行不言之教，善于处无为之政，符合自然无为，不必花费太大的气力，就有可能取得很好的效果。因而，本章的主旨是把“自然”“无为”扩展应用到更为广泛的生活领域之中。

原文

善行，无辙迹①；善言②，无瑕谪③；善数④，不用筹策⑤；善闭，无关楗⑥而不可开；善结，无绳约⑦而不可解。

是以圣人常善救人，故无弃人；常善救物，故无弃物。是谓袭明⑧。

故善人者，不善人之师，不善人者，善人之资⑨。不贵其师，不爱其资，虽智大迷，是谓要妙⑩。

译文

善于行车的人不会留下车痕；善于言谈的人，言语没有瑕疵；善于计算的人，用不着筹码；善于关门的人不用栓梢而使人不能打开；善于捆缚的人不用绳索而使人不能解开。

因此，圣人经常挽救人，就没有被遗弃的人；善于物尽其用，就没有被抛弃的物品。这就叫作内藏聪明智慧。

所以善人是不善人的老师，不善人是善人的财富。不看重老师，不珍惜宝贵经验的学习，再聪明也会陷于糊涂，这是精深微妙的道理。

---

① 辙迹：轨迹，痕迹。

② 善言：指善于采用不言之教。

③ 瑕谪（zhé）：过失，缺点。

④ 数：计算。

⑤ 筹策：古时人们用作计算的器具。

⑥ 关楗（jiàn）：关门时用的门栓。

⑦ 绳约：绳索。约，指用绳捆物。

⑧ 袭明：内藏智慧聪明。袭，掩藏的，不外露。

⑨ 资：财富。

⑩ 要妙：精要玄妙，深远奥秘。

第二十八章

本章老子提出了一贯倡导的“知雄守雌”的处世哲学，给人留下很深的印象。知雄守雌是指在雄雌的对立中，对于雄的一面有透彻的了解，本身却处于雌的一方。老子认为应该用这个原则去从事政治活动，参与社会生活。他认为，只要人们这样做了，就可以返璞归真，达到天下大治。

原文

知其雄[①]，守其雌[②]，为天下谿[③]。为天下谿，常德不离，复归于婴儿[④]。

知其白，守其黑，为天下式[⑤]。为天下式，常德不忒[⑥]，复归于无极[⑦]。知其荣[⑧]，守其辱[⑨]，为天下谷[⑩]。为天下谷，常德乃足，复归于朴[⑪]。

朴散则为器[⑫]，圣人用之，则为官长[⑬]，故大制不割[⑭]。

译文

深知什么是雄健，却安守着雌柔的地位，甘愿做天下的溪涧。甘愿做天下的溪涧，恒常的德行就不会离失，会回到婴儿般纯真的状态。

深知光明的显赫，却安守着幽暗的位置，甘愿做天下的榜样。甘愿做天下的榜样，恒常的德行没有差错，复归到不可穷极的真理。深知什么是荣耀，却安守着卑辱的地位，甘愿做天下的川谷。甘愿做天下的川谷，恒常的德行永远充足，复归自然本初的纯真状态。

质朴分散为各种器具，有“道”的人利用这些器物，成为众人的领袖，所以完善的制度不割裂事理，浑然一体。

---

① 雄：比喻刚劲、躁进、强大。

② 雌：比喻柔静、软弱、谦下。

③ 谿（xī）：沟溪。

④ 婴儿：象征纯真、稚气。

⑤ 式：范式，榜样。

⑥ 忒（tè）：过失,差错。

⑦ 无极：意为最终的真理。

⑧ 荣：荣耀、尊贵。

⑨ 辱：侮辱，羞辱。

⑩ 谷：深谷，峡谷，喻胸怀广阔。

⑪ 朴：朴素。指纯朴的原始状态。

⑫ 器：器物。指万事万物。

⑬ 官长：百官的首长。

⑭ 大制不割：完美的体制浑然如一。大制，完美的制度。不割，不割裂事理。

第二十九章

本章老子进一步阐述了“无为而无不为”的思想，明确表达了以“无为”治国，反对贪欲和胡作非为。“无为”不是在客观现实面前无能为力，而是顺应自然，不强制，不苛求，因势利导，遵循客观规律，“去甚，去奢，去泰”，要避免过分和走极端。老子的无为思想，其实是讲给统治者听的，是警告那些贪心不足的统治者，别轻举妄动，别欲壑难填，做出极端的举动。

原文

将欲取[①]天下而为[②]之，吾见其不得已[③]。天下神器[④]，不可为也，不可执[⑤]也。为者败之，执者失之。是以圣人无为，故无败；无执，故无失。

夫物[⑥]，或行或随[⑦]；或歔[⑧]或吹[⑨]；或强或羸[⑩]；或载[⑪]或隳[⑫]。是以圣人去甚[⑬]，去奢，去泰[⑭]。

译文

想要治理天下却又要用强制的办法，我看他不能够达到目的。天下是神圣的东西，不能够强力统治，不能加以把持。用强力统治天下，就一定会失败。强力把持天下，就一定会失去天下。因此圣人从来都不妄自作为，所以不会失败；从不强行把持，所以不会失去。

世间万物秉性不一，有前行有后随，有和缓有急躁，有刚强有羸弱，有成就有破坏。因此，圣人要去除那种极端的、奢侈的、过度的措施。

---

① 取：治理。

② 为：指有为，靠强力去做。

③ 不得已：达不到，得不到。

④ 神器：神圣的东西。

⑤ 执：把持。

⑥ 物：指人，也指一切事物。

⑦ 随：跟随，顺从。

⑧ 歔（xū）：轻声和缓地吐气。

⑨ 吹：急吐气。

⑩ 羸（léi）：羸弱，弱小。

⑪ 载：成就。

⑫ 隳（huī）：毁坏。

⑬ 甚：极端。

⑭ 泰：过分。

第三十章

本章老子论述了战争指导原则，具有朴素的军事辩证法思想。老子反对非正义的战争，即以兵逞强于天下，导致“不道早已”。老子不喜欢战争，但是当战争已经发生了，他主张“善有果而已”，同时还提出了战争是出于不得已，胜利了还要“勿矜”“勿伐”“勿骄”“勿强”，这些都是指导战争的根本原则。老子反战的思想，无论在当时还是后世，都有其积极的意义。

原文

以道佐人主者，不以兵强天下。其事好还[①]。师之所处，荆棘生焉。大军之后，必有凶年[②]。

善有果[③]而已，不敢以取强。果而勿矜，果而勿伐，果而勿骄，果而不得已，果而勿强[④]。

物壮[⑤]则老，是谓不道[⑥]。不道早已[⑦]。

译文

依照“道”的原则辅佐君主，不以兵力逞强于天下。穷兵黩武这种事必然会得到报应。军队所到的地方，荆棘横生。大战之后一定会出现荒年。

善于用兵的人只要取得胜利就可以了，并不以武力来取得称霸的地位。战胜了不骄矜，战胜了不去夸耀显摆，战胜了不要自以为是，战胜了也是出于不得已，战胜了却不逞强。

事物过于强大就会走向衰朽，这说明它不符合于“道”。不符合于“道”的会很快消亡。

---

① 其事好还：用兵这件事很快就会得到报应。还，还报、报应。

② 凶年：荒年，灾年。

③ 有果：果，成功之意，指达到获胜的目的。

④ 强：逞强，好胜。

⑤ 壮：强壮，强盛，此处指用武力达到强盛。

⑥ 不道：不合乎“道”。

⑦ 早已：很快走向死亡。已，停止。

第三十一章

本章仍是讲战争之道，是上一章的继续和发挥。上一章着重从后果讲，这一章以古代的礼仪来比喻。老子认为，兵器是不吉祥的东西，作为君子，在迫不得已而用之时，要“胜而不美”，而“美之者”“不可得志于天下”；对于在战争中死去的人，要以丧礼妥善安置。

原文

夫唯[①]兵[②]者，不祥之器，物或恶之[③]，故有道者不处。

君子居则贵左[④]，用兵则贵右。兵者不祥之器，非君子之器，不得已而用之，恬淡[⑤]为上。胜而不美，而美之者，是乐杀人。夫乐杀人者，则不可得志于天下矣。

吉事尚左，凶事尚右。偏将军居左，上将军居右，言以丧礼处之。杀人之众，以悲哀泣之；战胜，以丧礼处之。

译文

兵器是不祥的东西，人们都厌恶它，所以有道的人不使用它。

君子平时居处以左边为贵，用兵打仗时就以右边为贵。兵器是不祥的东西，不是君子使用的东西，万不得已而使用它，最好淡然处之。打了胜仗也不要得意忘形，如果自以为了不起那就是喜欢杀人。凡是喜欢杀人的人不可能统治天下。

吉庆的事情以左边为上，不吉的事情以右方为上。偏将军居于左边，上将军居于右边，这是说以丧礼仪式来处理用兵打仗的事情。战争中杀人众多，要用哀痛的心情去追悼，打了胜仗也要以丧礼的礼仪去对待。

---

① 夫唯：发语词，引起下文的议论。

② 兵：指兵器。

③ 物或恶之：人所厌恶、憎恶的东西。物，指人。

④ 贵左：古人以左为阳，以右为阴。阳代表生，阴代表杀，所以平时以左为贵，战争时以右为贵。

⑤ 恬淡：淡然，淡漠。

第三十二章

本章从“道”的一些本质特征出发，告诫统治者要按照“道”的原则办事，达到“无为而治”的理想状态。老子用“朴”来形容“道”的原始、无名的状态。“道”向下落实使万物兴作，于是各种名称就产生了。立制度、定名分、设官职，不可过分，适可而止，这样就不会纷扰多事。

原文

道常无名，朴[①]。虽小[②]，天下莫能臣[③]。侯王若能守之，万物将自宾[④]。

天地相合，以降甘露，民莫之令而自均[⑤]。

始制有名[⑥]，名亦既有，夫亦将知止，知止可以不殆[⑦]。譬道之在天下，犹川谷之于江海。

译文

“道”通常是无名而质朴的，它虽然很小不可见，天下没有人能使它服从。王侯如果能够遵照“道”的原则治理天下，百姓们将会自然地归顺于他。

天地间阴阳之气相合就会降下甘露，人们不必指使它，而它会自然均匀地播洒。

治理天下就要建立各种管理体制，制定各种制度，确定各种名称，名称既然有了，就要有所制约，适可而止，知道适可而止就没有什么危险了。打个比喻，“道”存在于天下，就像一切河川溪水都归流于江海。

---

① 朴：指“道”的特征。

② 小：用以形容“道”是隐而不可见的。

③ 莫能臣：臣，使之服从。此处是说没有人能使它臣服。

④ 自宾：宾，服从。自将服从于“道”。

⑤ 自均：自然均匀。

⑥ 始制有名：万物兴作，于是产生了各种名称。

⑦ 不殆：没有危险。

第三十三章

本章阐述了精神修养方面的观点，强调修身养性要做到有自知之明。在老子看来，"知人""胜人"十分重要，但是"自知""自胜"更加重要。老子认为，一个人倘若能省视自己、坚定自己的生活信念，并且切实推行，就能够保持旺盛的生命力和饱满的精神风貌，实现人生的追求。

原文

知人者智，自知者明。
胜人者有力，自胜者强[①]。
知足者富。
强行[②]者有志。
不失其所者久。
死而不亡[③]者寿。

译文

能了解、认识别人是理智，能了解、认识自己是心明。
能战胜别人是有力量的，能战胜自己才算刚强。

知道满足的人才是富有的人。

坚持不懈的人就是有志向的人。

不失根基的人能长久。

身虽死而“道”仍存的，才算真正的长寿。

---

① 强：刚强，果决。

② 强行：坚持不懈，持之以恒。

③ 死而不亡：身虽死而“道”犹存。

第三十四章

本章讲述了“道”的作用。老子认为，“道”生出万物，养育万物，使万物各得所需，而“道”又不主宰万物，完全顺其自然。“道”可以名为“小”，也可名为“大”，虽然没有明确指出“圣人”“侯王”应有“道”，实际是期望统治者应该像“道”那样起“朴”的作用。本章是以“天道”来讲“人道”，希望“人道”能够效法“天道”。本章的“不自为大，故能成其大”这一充满辩证法的名言，成为中华传统文化的精华。

原文

大道泛①兮，其可左右。万物恃之以生而不辞②，功成而不有③。衣被④万物而不为主⑤，可名于小⑥；万物归焉而不为主，可名为大⑦。以其终不自为大，故能成其大。

译文

大道像江河泛滥，左右上下无所不到。万物依赖它生长，它从不推脱责任，完成了功业而不占有名誉。它护养万物而不自以为主宰，可以说是很渺小；万物归附于它，它却不当万物的主宰，可以说真是很伟大。正因为它不自以为伟大，所以才能成就它的伟大。

---

① 泛（fàn）：广泛，泛滥。

② 不辞：不推辞，不辞让。辞，推辞。

③ 不有：不自以为有功。

④ 衣被：覆盖，护养。

⑤ 不为主：不自以为主宰。

⑥ 小：渺小。

⑦ 大：伟大。

第三十五章

本章论述了“道”的作用和影响，但本章和上一章，都不完全是前面各章论“道”的重复。“道”的作用和影响不可低估，它可以使天下的人们都向它投靠而不互相妨害，使人们过上和平安宁的生活。因而可以这样说，本章实为“道”的颂歌。在《道德经》中，“道”被多次论及，但从来没有重复过，而是层层深入，逐渐展开，使人切实感受“道”的伟大力量。

原文

执大象[①]，天下往。往而不害，安[②]平泰[③]。

乐与饵[④]，过客止。道之出口，淡乎其无味，视之不足见，听之不足闻，用之不足既[⑤]。

译文

谁奉行了大道，普天下的人们便都来投靠他。不互相妨害，安静而又和睦。

音乐和美好的食物，使过路的人都为之停步。用言语来表述大道，是平淡而无味的，看也看不见，听也听不见，而它的作用却是无穷无尽、没有限制的。

① 大象：代指道，道是大象无形。

② 安：乃，则，于是。

③ 泰：平和，安宁。

④ 乐与饵：音乐和美食。饵，美食。

⑤ 既：尽，完。

第三十六章

本章主要讲述了事物的两重性和矛盾转化的朴素辩证法思想，同时以自然界的辩证法比喻社会现象，引起人的警觉注意。事物在发展过程中，都会走到某一个极限，此时，它必然会向相反的方向转化。在对人与物做了深入而普遍的观察研究之后，老子认识到，柔弱的东西里面蕴含着内敛的生命力，并且极其旺盛，发展的余地极大。相反，看起来似乎强大的东西，由于它显扬外露，往往失去发展的前景，不能持久。在柔弱与刚强的对立之中，老子断言柔弱胜于刚强。

原文

将欲歙①之，必固②张之；将欲弱之，必固强之；将欲废之，必固兴之；将欲取之，必固与③之。是谓微明④。柔弱胜刚强。

鱼不可脱⑤于渊，国之利器⑥不可以示人⑦。

译文

想要收敛它，必先扩张它；想要削弱它，必先加强它；想要废弃它，必先抬举它；想要夺取它，必先给予它。从细微中发现变化，柔弱就能战胜刚强。

鱼的生存不可以脱离池渊，治国的法宝不能轻易出示于别人。

---

① 歙（xī）：敛，合。

② 固：必然，一定。

③ 与：给。

④ 微明：指在事物发展中能及早发现变化的细小征兆，从而作出正确的判断。微，细微的先兆，征兆。明，洞明，明察。

⑤ 脱：离开，脱离。

⑥ 国之利器：治国的法宝。有不同解释，一种认为是武器，一种认为是刑法禁令，还有认为是谋略等。

⑦ 示人：给人看，向人炫耀。

第三十七章

本章是《道德经》中《道经》的最后一章，老子把第一章提出的“道”的概念，运用到分析社会和政治上，较完整地提出和分析了“无为而无不为”的思想。在老子看来，统治者能依照“道”的法则来为政，顺其自然，不妄加干涉，百姓们将会自我发展。

原文

道常无为[①]而无不为[②]。

侯王若能守之[③]，万物将自化[④]。化而欲[⑤]作，吾将镇之以无名之朴[⑥]。镇之以无名之朴，夫将不欲。不欲以静，天下将自正。

译文

“道”永远是顺其自然而无所作为的，却没有什么事情是它所不能为的。

侯王如果能按照“道”的原则为政治民，万事万物就会自我化育而得以充分发展。自生自长而产生贪欲，我就用“道”的真朴来镇住它。用“道”的本真来镇服它，就不会产生贪欲之心了。万事万物没有贪欲之心，天下便自然而然地安宁、稳定。

① 无为：指顺其自然。

② 无不为：没有一件事是它所不能为的。

③ 守之：即守“道”。之，指“道”。

④ 自化：自我化育，自生自长。

⑤ 欲：指贪欲。

⑥ 无名之朴：无名，指“道”。朴，形容“道”的本真。

下篇

第三十八章

这一章是《道德经》中《德经》的开篇。老子认为，“道”是“无为而无不为”的，“德”是“道”的外在表现，凡是符合“道”的行为就是“有德”，反之就是“失德”。“德”是“道”在人世间的体现，“道”是客观规律，而“德”是指人类认识并按客观规律办事。而仁、义、礼则是出于功利目的而产生的，它们伤害人的自然本性，是对“道”“德”的损害。

原文

上德不德①，是以有德；下德不失德②，是以无德③。

上德无为而无以为④，上仁为之而无以为，上义为之而有以为。

上礼为之而莫之应，则攘臂⑤而扔⑥之。

故失道而后德，失德而后仁，失仁而后义，失义而后礼。夫礼者，忠信之薄⑦，而乱之首。

前识⑧者，道之华⑨，而愚之始。是以大丈夫处其厚，不居其薄；处其实，不居其华。故去彼取此。

译文

具备“上德”的人不表现为外在有“德”，因此实际上是有“德”；具备“下德”的人表现为外在的不失“德”，因此无法体现真正的德。

“上德”之人自然无为而又无心作为，上仁有所施为而出于无心，上义有所施为而出于有意。

上礼的人想有所作为却没有人回应他，于是就伸着胳膊强迫别人。

所以丧失了“道”然后就有了“德”，丧失了“德”然后就有了“仁”，丧失了“仁”然后就有了“义”，丧失了“义”然后就有了“礼”。“礼”是忠信不足的产物，而且是祸乱的开端。

礼义之类的观念是道的皮毛，由此愚昧开始产生。所以大丈夫立身处世，应当自处于厚实的道与德的境地，而远离浅薄与虚华。所以舍弃那浅薄虚华而选取这敦厚与朴实。

---

① 不德：不以德为德，不自居有德。

② 下德不失德：“下德”的人恪守形式上的“德”。不失德，即形式上不离开“德”。

③ 无德：无法体现真正的“德”。

④ 上德无为而无以为：“上德”之人顺应自然而无所作为。无以为，即无所作为。

⑤ 攘臂：伸出手臂。

⑥ 扔：牵引。

⑦ 薄：衰薄。

⑧ 前识：预先有所认识，也就是成见。这里指礼义之念的观念。

⑨ 华：花。与实相对，喻指虚浮不切实的东西。

第三十九章

本章讲“道”的普遍意义。第一节阐述了“道”的作用，“道”是天下万事万物的本原，如果失去了“道”，天地万物将不能存在下去。第二节转而提出告诫，指出物极必反、盛极而衰，天地、神明、溪谷以至于“侯王”应当深藏若虚，如果一意自逞，就会走向毁灭。第三节上承第二节，说明事物的存在是相反相成的，“贵以贱为本，高以下为基”，这是符合“道”的原则的，并告诫统治者要按照“道”的原则办事，要能“处下”“居后”“谦卑”，要“珞珞如石”，具有石头一般质朴厚实的品格。

原文

昔之得一[①]者：天得一以清，地得一以宁，神得一以灵[②]，谷得一以盈，万物得一以生，侯王得一以为天下正[③]。

其[④]至[⑤]也，天毋已[⑥]清，将恐裂；地毋已宁，将恐废[⑦]；神毋已灵，将恐歇[⑧]；谷毋已盈，将恐竭[⑨]；万物毋已生，将恐灭；侯王毋已正，将恐蹶[⑩]。

故贵以贱为本，高以下为基。是以侯王自称孤、寡、不榖[11]。此非以贱为本邪？非乎？故至誉无誉。是故不欲琭琭[12]如玉，珞珞[13]如石。

译文

往昔曾得到过“道”的：天得“道”而清明，地得“道”而安宁，神得“道”而有灵性，河谷得“道”而充盈，万物得“道”而生长，侯王得“道”而成为天下的准则。

如果就极端的情况来说，天无休止地清明恐怕就会崩裂，地无休止地安宁恐怕就会荒废，神无休止地显灵下去难免会消歇，河谷无休止地保持流水难免要干涸，万物无休止地生长恐怕就要消亡；侯王无休止地成为天下首领，他的地位恐怕要被倾覆。

所以想要贵就得以贱为根本，想要高就得以下为基础。因此王侯们自称为“孤”“寡”“不榖”，这就是以贱为根本吧？不是吗？所以最高的荣誉无须赞美。有道之士不要求晶莹像宝玉，而宁愿质朴像山石。

---

① 得一：即得“道”。

② 灵：灵性或灵妙。

③ 正：准则。

④ 其：若，如果。

⑤ 至：极，极端。

⑥ 毋已：不止，不停，即无休止、无节制之义。

⑦ 废：荒废。

⑧ 歇：消失，绝灭，停止。

⑨ 竭：干涸，枯竭。

⑩ 蹶：跌倒，失败，挫折。

⑪ 孤、寡、不穀：古代帝王自称为“孤”“寡人”“不穀”。孤，本义为孤儿。寡，本义为无夫或无妻之人。不穀，本义为不养，指父母亡故而不能终养，君主自谦，借以为称。

⑫ 琭琭（lù）：形容玉美的样子。

⑬ 珞珞（luò）：形容石坚的样子。

第四十章

本章老子用极其简练的文字，阐述了“道”的运动变化规律和相互转化的辩证法原理以及其产生天下万物的过程和作用。“反者，道之动。”道的运动是相反和复归的统一，事物的运动既有朝着相反一面发展的规律，又有返本复初、循环运转的规律，当事物朝着相反的方向一直运行，它便踏上了复归的道路，就像一个人一直朝东走，他最后就会回到西。“弱者，道之用。”道自隐于万物之中，若有若无，虽有造化之功却不显现它的意志和力量。老子把“有”与“无”当成相互对立的两个哲学范畴，把“无”当作第一性的东西，而把“有”当作第二性的东西，“有”与“无”都是“道”的属性，是“道”产生天地万物时由无形质转向有形质的活动过程。

原文

反①者，道之动；弱②者，道之用。

天下万物生于有③，有生于无④。

译文

循环往复是“道”的运动方式；微妙柔弱是“道”的作用形式。

天下的万物产生于看得见的有形质，有形质又产生于不可见的无形质。

---

① 反：循环往复。

② 弱：柔弱，渺小。

③ 有：此处指“道”的有形质。

④ 无：此处的“无”指超现实世界的形上之“道”。

第四十一章

本章主旨在于说明“道隐无名”而不为世人所知，并对大道幽隐微妙、深广无限的境界作了一番描述。从“明道若昧”至“大白若辱”一节，主要形容“道德”深藏不露的特征。深藏不露到了极点，就表现得与“道德”的本性仿佛相反。从“大方无隅”到“大象无形”一节，更进一步描述大道超越于现象世界以及一切规定性之上的特征。实际上，老子这里说的“大方”“大器”“大音”“大象”，已非寻常的“方”“器”“音”“象”，而是大道的化身。

原文

上士闻道，仅能行之；中士闻道，若存若亡；下士闻道，大笑之——不笑，不足以为道。

故建言①有之：

明道若昧，进道若退，夷②道若颣③。

上德若谷，广德若不足，建德若偷④。

质真若渝⑤，大白若辱⑥。

大方无隅⑦，大器免成⑧。

大音希声，大象无形，道隐无名。

夫唯道，善贷且成⑨。

译文

上士听了“道”仅仅能有所实行；中士听了“道”将信将疑；下士听了“道”哈哈大笑。不被人笑话也就不足以称作“道”了。

因此古代立言的人说过这样的话：

光明的“道”好似暗昧，前进的“道”好似后退，平坦的“道”好似崎岖。

崇高的“德”好似峡谷，广大的“德”像是有所不足，刚健的“德”像是松弛懈怠。

质朴纯真好像是受污染变质，最洁白的东西反而好像含有污垢，最大的方形没有边角，最大的器具无所合成。

最大的乐音听来无声无息，最大的形象反而没有形状，“道”幽隐而没有名称，无名无声。

只有“道”才能使万物善始善终。

---

① 建言：立言，指前人的言论。

② 夷：平坦。

③ 纇（lèi）：崎岖不平，坎坷曲折。

④ 建德若偷：刚健的“德”好像怠惰的样子。偷，意为惰。

⑤ 质真若渝：质朴而纯真好像混浊。渝，变污。

⑥ 辱：黑垢。

⑦ 大方无隅：最方正的东西却没有角。隅，角落、墙角。

⑧ 免成：免于成，即无成之意。“大器”与“大方”“大音”“大象”一样，都是道的化身，道不成不坏，大器也无所谓成与不成，故曰无成。

⑨善贷且成：“道”使万物善始善终，而万物自始至终也离不开“道”。贷，施与、给予，引申为帮助、辅助之意。

第四十二章

本章的前半部分讲的是老子的宇宙生成论。老子说的“一”“二”“三”，是指“道”创生万物的过程，其中关于事物都包含阴阳相互对立的两个方面，以及矛盾的对立统一构成事物运动发展的朴素辩证法思想是极其深刻的。宇宙万物的总根源是“混而为一”的“道”。万物都包含着阴和阳，阴阳之气交相作用而达于和谐平衡。后半部分由万物负阴抱阳的自然之道推及于人事，重申贵柔守雌的道理，主张在损益之间保持平衡，反对逞强和自满。

原文

道生一①，一生二②，二生三③，三生万物。

万物负阴而抱阳④，冲气以为和⑤。

人之所恶，唯孤、寡、不穀，而王公以为称。故物或损之而益，或益之而损。人之所教，我亦教之。强梁者不得其死，吾将以为教父⑥。

译文

道是一，道本身包含着阴阳二气，阴阳二气相交而形成一种新的状态，万物在这种状态中产生。

万物背负着阴而怀抱着阳，并且在阴阳二气的互相激荡中达成和谐。

人们所厌恶的“孤”“寡”“不穀”，而王公却用来称呼自己。所以对于事物而言，有时减损它却反而使它得到增益，有时增益它却反而使它受到减损。别人这样教导我，我也这样去教导别人。强行暴政的人不得善终，我把这样的话当作教人的根本。

---

① 一：此处指“道”。

② 二：指阴、阳。“道”的本身包含着对立的两方面。因此，对立着的双方都包含在“一”中。

③ 三：即是由两个对立的方面相互矛盾冲突所产生的第三者，进而生成万物。

④ 负阴而抱阳：背阴而向阳。

⑤ 冲气以为和：阴阳二气互相冲突交融而成为均匀和谐状态，从而形成新的统一体。冲，摇荡。

⑥ 教父：教人的根本，教学的根本。父，根本，原始。

第四十三章

本章深刻阐述了“柔弱”和“无为”的作用及特性，进一步表现了老子“柔能克刚”的辩证法思想。老子指出，最柔弱的东西里面，蓄积着人们看不见的巨大力量，即使最坚强的东西也无法抵挡。“柔弱”发挥出来的作用，在于“无为”。水是最柔的东西，但它却能够穿山透地，所以老子反复强调贵柔之道。

原文

天下之至柔，驰骋[1]天下之至坚。无有入于无间[2]。吾是以知无为之有益。

不言之教，无为之益，天下希[3]及之。

译文

天下最柔弱的东西穿行于最坚硬的东西中。无形的力量可以穿透没有间隙的东西。我因此认识到“无为”的益处。

“不言”的教导，“无为”的益处，普天下少有人能达到。

① 驰骋：形容马奔跑的样子。

② 无有入于无间：无形的力量能够穿透没有间隙的东西。

③ 希：稀少。

第四十四章

这一章集中反映了老子的名利观和得失观，指出贪求名利的弊害，告诫世人只有知足知止，方能免受屈辱，避祸全生。名声与货利二者，确实是人情之大欲。也许是出于对人生世相的体察和悲悯，老子的意思倒并不是要人彻底断绝名利的欲求，而只是教人要“知止”“知足”，不可贪多务得，为名利奋不顾身。老子说话所针对的对象常常是“侯王”一类的人物。他这番话对于那些贪得无厌的统治者来说，可以说是点到了要害。

原文

名与身孰亲？身与货①孰多②？得③与亡④孰病⑤？
甚爱必大费⑥，多藏必厚亡⑦。
故知足不辱，知止不殆，可以长久。

译文

名声和生命相比，哪一个更为重要？生命和财富比起来，哪一个更为贵重？得到名利和丧失名利相比，哪一个更有害？

过分爱惜，就必会付出很大的代价；过多敛财，就会遭到惨重的损失。

所以说，懂得满足就不会受到屈辱，懂得适可而止就不会遇到危险，这样才可以保持长久的平安。

---

① 货：财富。

② 多：重，贵重。

③ 得：指得到。

④ 亡：指丧失。

⑤ 病：有害。

⑥ 甚爱必大费：过于珍视就必定要有很大的耗费。

⑦ 多藏必厚亡：丰厚的藏货就必定会招致惨重的损失。

第四十五章

道具有“大成”“大盈”“大直”“大巧”的品格，尽善尽美，而且作用无穷。然而道的表现却是如有不足，是“若缺”“若冲”“若屈”“若拙”，体现了大道造化万物而又深藏不露、纯朴谦虚的特点，具有永不枯竭的伟大创造力。不过，老子认为大道在世间、在人事上的落实，终归还是要通过修道行德的人来体现。老子所描述的大道的境界，不妨说也是人格的境界。这表现在政治上，是不要“有为”，只有贯彻了“清静无为”的原则，才能取得成功。

原文

大成①若缺，其用不弊。
大盈若冲②，其用不穷。
大直若屈③，大巧若拙，大辩若讷④。
躁胜寒，静胜热⑤。清静，为天下正⑥。

译文

最完满的东西好似有残缺，但它的作用永远不会衰竭。

最充盈的东西好似空虚，但是它的作用是不会穷尽的。

大直好似弯曲，大巧好似笨拙，最卓越的辩才好似不善言辞。

运动能抵御寒冷，安静能制服炎热。清静无为才是治理天下的根本正道。

---

① 大成：最为完满的东西。

② 冲：虚，空虚。

③ 屈：曲。

④ 讷（nè）：拙嘴笨舌。

⑤ 躁胜寒，静胜热：运动战胜寒冷，安静战胜炎热。动之胜寒，静之胜热，可谓动静各有所能，相生相克，但终将复归于清静。

⑥ 正：首领。

第四十六章

本章主要反映了老子的反战思想，老子指出统治者的贪欲是最大的祸害，是战争的根本原因。战争是“不知足”以及“欲得”的结果。老子生活的时代是诸侯混战的春秋时期。他反对战争，反对统治者贪欲的泛滥，都是有感而发的。他告诫统治者应该“知足”，因为只有知足才能防止私欲的膨胀。

原文

天下有道，却走马以粪①；天下无道，戎马②生于郊③。

祸莫大于不知足，咎莫大于欲得。故知足之足，常足矣④。

译文

治理天下合乎“道”，就可以太平安定，把战马退还到田间给百姓用来耕作；治理天下不合乎“道”，连怀胎的母马也要送上战场，在战场的郊外生下马驹。

最大的祸害是不知足，最大的过失是贪婪的欲望。知道到什么地步就该满足了的人，才会永远满足。

---

① 却走马以粪：把奔跑的战马退回去耕种田地。却，退回。走马，奔跑的马，此指战马。粪，耕种、播种。

② 戎马：战马。

③ 生于郊：指母马生驹于战地的郊外。

④ 故知足之足，常足矣：知道到什么地步就该满足了的人，才会永远满足。

第四十七章

本章主要讲的是哲学上的认识论。老子的基本观点是：在认识上纯粹的感觉经验是靠不住的。因为这样做无法深入事物的内部，不能认识事物的全体，而且还会扰乱人的心灵。那么，要认识事物就只有靠内在的自省，下功夫进行自我修养，净化欲念，涤除玄鉴，清除心灵的蔽障，以本明的智慧、虚静的心境，去览照外物，才能领悟“天道”，知晓天下万物的变化发展规律。

原文

不出户，知天下；不窥①牖②，见天道③。其出弥远，其知弥少。

是以圣人不行而知，不见而明④，不为⑤而成。

译文

不出门户，就能够推知天下的事理；不望窗外，就可以认识日月星辰运行的自然规律。向外奔逐得越远，所知道的道理就越少。

所以有“道”的圣人不出行就能够推知事理，不用去看就能明了“天道”，无所作为就可以有所成就。

---

① 窥：看。

② 牖（yǒu）：窗。

③ 天道：日月星辰运行的自然规律。

④ 不见而明：不用看而明天道。

⑤ 不为：无为，不妄为。

第四十八章

本章从“为学”和“为道”两个方面阐述了“无为而无不为”的思想。先讲“为学”，是求外在的经验知识，经验知识积累愈多，私欲妄见也就层出不穷。“为道”是透过直观体悟以把握事物未分化的状态或向内探索自身虚静的心境，它使人日渐返璞归真，最终可以达到“无为”的境地。只有“清静无为”，没有私欲妄见的人，才可以治理国家。

原文

为学[①]日益[②]，为道[③]日损[④]。损之又损，以至于无为。

无为而无不为[⑤]。取天下常以无事[⑥]，及其有事[⑦]，不足以取天下。

译文

研究世俗学问是一天比一天增加；修行自然之道是一天比一天减少知识。减少了又减少，以至于达到“无为”的境地。

人如果能够做到顺乎自然而不妄为，那么做任何事情都可以有所作为。治理国家的人，要经常以不骚扰人民为治国之本；如果经常以繁苛之政扰害民众，那就不可能治理天下了。

① 为学：研究世俗学问。

② 日益：一天天增加。

③ 为道：修行自然之“道”。此处的“道”，指自然之道，无为之道。

④ 日损：一天天减少。

⑤ 无为而无不为：不妄为，就没有什么事情做不成。

⑥ 取天下常以无事：取得天下靠的是无为。取，取得，这里有治理好天下而真正取得天下的意思。

⑦ 有事：繁苛政举在骚扰民生。

第四十九章

本章表达了老子的社会政治思想。文中所讲的“圣人”，是老子心目中理想的统治者。老子认为，理想的统治者没有私心，以百姓之心为心，对待善良的人、不善良的人、诚实的人、不诚实的人，对他们都“善之”“信之”，使人人守信向善。老子把以“道”治天下的希望寄托给一个理想的“圣人”，在“圣人”的治理下，天下都回到“道”所要求的纯真质朴的状态。

原文

圣人常无心①，以百姓心为心。

善者善之，不善亦善之，德②善。

信者信之，不信亦信之，德信。

圣人在天下，歙③歙焉，为天下浑其心④。百姓皆注其耳目⑤，圣人皆孩之⑥。

译文

圣人常常是没有私心的，总是以百姓的心为自己的心。

善良的人要加以善待，不善良的人也要加以善待，这样就可以得到善良了。

诚实的人要加以信任；不诚实的人，我也信任他，这样可以得到诚信了。

有“道”的圣人居天下的统治地位，收敛自己的意欲，使天下人的心归于浑朴。百姓们都专注于自己的耳目聪明，有“道”的人使他们都回到婴孩般纯真质朴的状态。

---

① 常无心：长久保持无私心。

② 德：通“得”，得到。

③ 歙（xī）：意为吸气。此处指收敛意欲。

④ 浑其心：使人心归于浑朴。

⑤ 百姓皆注其耳目：百姓都专注于自己的耳目聪明。

⑥ 圣人皆孩之：圣人使百姓们都回到婴孩般纯真质朴的状态。

第五十章

本章讲述了有关养生方面的哲学。老子说，世上能顺生而生、有利于生的人与背生而生、趋向于死的人大约各占三分之一。另有三分之一的人，却由于过度求生而反倒自蹈死地，不能享其天年。老子认为，这一类人，其本意并非要“背生而生”，却与趋死之人殊途同归。他注意到人为因素对生命的影响，然后对人们进行劝说，要求人们不要靠着争夺来保养自己，希望人们能够做到少私寡欲，清静质朴，纯任自然，以清静无为的态度远离死亡。

原文

出生入死[①]。生之徒，十有三[②]；死之徒[③]，十有三；人之生，动之于死地[④]，亦十有三。夫何故？以其生生之厚[⑤]。

盖闻善摄生[⑥]者，陆行不辟[⑦]兕[⑧]虎，入军不被甲兵[⑨]；兕无所投其角，虎无所用其爪，兵无所容其刃。夫何故？以其无死地[⑩]。

译文

人生于世，常处于生死之间，生命脆弱，脱离了生就进入了死。顺生而生、顺自然之道而有利于生的人有十分之三。相反，背生而生，不利于生而趋向死的人也有十分之三。而过于着重求生，却动辄走进死地的人也占了十分之三。这是为什么呢？是因为过度求生的缘故。

据说，善于养生的人，在陆地上行走，不避凶恶的犀牛和猛虎，在战争中也受不到武器的伤害；犀牛对他无处投角，老虎对他无处伸爪，武器对他无处可刺。为什么会这样呢？因为他没有进入死亡的领域。

---

① 出生入死：出于生则入于死。

② 十有三：十分之三。

③ 死之徒：属于趋向于死的一类人。

④ 人之生，动之于死地：着意求生，却动辄走进死亡之地。动，动辄。之，去，到。

⑤ 生生之厚：过度求生。

⑥ 摄生：养生。

⑦ 辟：同“避”。

⑧ 兕（sì）：犀牛。

⑨ 入军不被甲兵：战争中不被杀伤。

⑩ 无死地：没有进入死亡的范围。

第五十一章

本章集中体现了老子的道德观，阐述了世间万事万物形成、生长的过程。老子在这章里再一次发挥了“道”以“无为”的方式生长万物的思想。老子认为，“道”生长万物，“德”养育万物，但“道”和“德”并不干涉万物的生长繁衍，而是顺其自然。

原文

道生之，德畜之，物形之，势①成之。是以万物莫不尊道而贵德。道之尊，德之贵，夫莫之命而常自然②。

故道生之，德畜之，长之育之，亭之毒之③，养④之覆⑤之。生而不有，为而不恃，长而不宰，是谓玄德⑥。

译文

道化生天下万事万物，德养育天下万事万物，形成各种各样的形态，环境使万事万物成长起来。因此，天下万事万物莫不尊崇道而珍视德。道之所以被尊崇，德之所以被珍视，就是由于道生长万物而不加以干涉，德畜养万物而不加以主宰，顺其自然。

所以，道生长万物，德养育万物，使万物生长、发育、结果、成熟，培养并保护它们。同时，生长万物而不据为己有，抚育万物而不自恃有功，滋长万物而不主宰，这就是奥妙玄远的“德”。

---

① 势：万物生长的自然环境。

② 莫之命而常自然：不干涉或主宰万物，而任万物自化自成。

③ 亭之毒之：犹言“成之熟之”，使万物结果成熟。

④ 养：爱养，护养。

⑤ 覆：覆盖，保护。

⑥ 玄德：即奥妙玄远的“德”。

第五十二章

本章承接第四十七章再次论述哲学上的认识论问题。老子又一次使用了“母”“子”这对概念，“母”就是“道”，“子”就是天下万物，因而母和子的关系，就是道和万物的关系。老子认为，天下自然万物的生长和发展有一个总的根源，人应该从万物中去追索这个总根源，把握原则。人们认识天下万物但不能离开总根源，不要向外奔逐，否则将会离失自我。在认识活动中，要除去私欲与妄见的蔽障，以真正把握事物的本质及规律。

原文

天下有始[①]，以为天下母[②]。既得其母，以知其子[③]；既知其子，复守其母，没身不殆。

塞其兑[④]，闭其门，终身不勤[⑤]；开其兑，济[⑥]其事，终身不救。

见小曰明[⑦]，守柔曰强[⑧]。用其光，复归其明，无遗身殃[⑨]，是为袭常[⑩]。

译文

天地万物本身都有起始，这个始作为天地万物的本原。如果知道本原，就能认识它所派生的万物；既然认识了万事万物，又把握着万物的根本，那么终身都不会有危险。

塞住欲念的孔穴，闭起欲念的闸门，终身都不会有劳扰的事情。如果打开欲念的闸门，就会增添纷杂的事件，终身都不可救治。

能够洞晓到细微叫作“明”，能够持守柔弱叫作“强”。运用“道”光芒，复归内在的明，就不会给自己带来祸殃，这就叫承袭永恒的道。

---

① 始：本始，此处指“道”。

② 母：根源，此处指“道”。

③ 子：派生物，指由“母”所产生的万物。

④ 兑：孔穴，出口。与下一句中“门”字含义相近。

⑤ 勤：劳苦，困顿。

⑥ 济：助成。

⑦ 见小曰明：能察见细微，才叫作“明”。小，细微。

⑧ 强：健，自强不息。

⑨ 无遗身殃：不给自己带来麻烦和灾祸。遗，留下。殃，灾祸。

⑩ 袭常：承袭永恒的道。

第五十三章

本章是痛斥荒淫无度的统治阶级的一篇檄文，尖锐地揭露了当时社会的一些矛盾现象。老子描述了社会的黑暗和统治者给人们带来的深重灾难，统治者凭借权势和武力，肆意横行，对百姓搜刮榨取，终日荒淫奢侈，过着腐朽糜烂的生活；而下层民众却陷于饥饿状况，农田荒芜，仓藏空虚。老子因此把统治者称为强盗头子，认为他们背离了“道”的原则，是不会有好结果的。

原文

使我介然有知①，行于大道，唯施②是畏。

大道甚夷③，而人好径④。朝甚除⑤，田甚芜，仓甚虚；服文彩，带利剑，厌饮食⑥，财货有余，是谓盗夸⑦。非道也哉！

译文

假如我稍微有了认识，当我在大道上行走，唯一担心的是害怕走了邪路。

大道虽然平坦，但人们却喜欢走邪径。朝政败坏，弄得农田荒芜，仓库十分空虚；而达官贵人仍穿着锦绣的衣服，佩带着锋利的宝剑，饱食精美的饮食，家里有富余的财货，这简直就是强盗头子。这是多么无道啊！

---

① 介然有知：微有所知，稍有知识。介，微小。

② 施：同“迤”，斜行。

③ 夷：平坦。

④ 径：斜径，小路。

⑤ 朝甚除：朝政非常败坏。除，废弛，败坏。

⑥ 厌饮食：饱得不愿再吃。厌，饱足，通“餍”。

⑦ 盗夸：盗之夸者，即大盗。夸，大。

第五十四章

本章讲"道"的功用，即"德"给人们带来的益处。本章是第四十七章和第五十二章的重要补充。在本章里，老子讲了修身的原则、方法和作用。老子认为，修身是一个人安身立命的基础，而且修身在于使自己的德行纯真质朴，符合"道"的原则，这样才可以立身、为家、为乡、为邦、为天下。

原文

善建者不拔，善抱[①]者不脱，子孙以祭祀不辍[②]。

修之于身，其德乃真；修之于家，其德乃余；修之于乡，其德乃长；修之于邦，其德乃丰；修之于天下，其德乃普。

故以身观身，以家观家，以乡观乡[③]，以邦观邦，以天下观天下。吾何以知天下之然哉？以此。

译文

善于树立的不会被拔除，善于抱持的不会脱落，子孙能够遵守"善建""善抱"的道理，后代的香火就不会终止。

这种善建善抱的品德，用于修身，他的德行就会是真实纯正的；用于持家，就表现出丰盈有余的德性；用于治乡，他的德行就会受到尊崇；用于治邦，就表现出丰盛硕大的德性；用于治理天下，就表现出无所不周、广被万物的德性。

所以，用自身来观察别人，用自家来观察别家，用自乡来观察别乡，用自国来观察别国，以自家天下之道来观察别家天下。我怎么能知道天下的情况会是这样的呢？就是因为我用了以上的方法和道理。

---

① 抱：抱住，固定，牢固。

② 子孙以祭祀不辍：子子孙孙都能够遵守“善建”“善抱”的道理，后代的香火就不会终止。辍，断绝、终止。

③ 故以身观身，以家观家，以乡观乡：用自身与别人相比照，用自家与别家相比照，用自乡与别乡相比照。

第五十五章

本章所阐述的是修身的最高境界和立身处世的原则，即“德”在人身上的具体体现。前半部分用的是形象的比喻，后半部分讲的是抽象的道理。老子用赤子来比喻具有深厚修养的人，他能返回婴儿般的纯真柔和的状态。“精之至”是形容精神充实饱满的状态，“和之至”是形容心灵凝聚和谐的状态，老子认为这样就能防止外界的各种伤害，免遭不幸。反之，纵欲贪生，使气逞强，就会遭殃，也即“物壮则老”，这就不符合“道”，就会很快消亡。

原文

含德之厚，比于赤子。毒虫①不螫②，猛兽不据③，攫鸟④不搏⑤。骨弱筋柔而握固，未知牝牡之合而朘作⑥，精之至也。终日号而不嗄⑦，和之至也。

知和曰常⑧，知常曰明。益生⑨曰祥⑩，心使气曰强⑪。

物壮⑫则老，谓之不道。不道早已。

译文

道德涵养厚重的人就好像初生的婴孩。毒虫不叮咬他，猛兽不伤害他，凶禽不搏击他。婴儿的筋骨柔弱但拳头却握得很牢固，虽然不知道两性的交合之事，但他的小生殖器却勃起着，这是精气旺盛的缘故。他整天啼哭但嗓子却不沙哑，这是元气柔和纯厚的缘故。

知道什么是“和”叫作“常”，知道什么是“常”叫作“明”。刻意增益生命就会遭殃，任意妄为就叫作逞强。

事物过分强壮就会衰老，这就叫不合于“道”。不合于“道”就会很快地消亡。

---

① 毒虫：指蛇、蝎、蜂之类的有毒虫子。

② 螫（shì）：毒虫子用毒刺咬刺。

③ 据：兽类用爪、足来攫取物品。

④ 攫（jué）鸟：用脚爪抓取食物的鸟。

⑤ 搏（tuán）：鹰隼之类用爪击物。

⑥ 朘（zuī）作：婴孩的生殖器勃起。

⑦ 嗄（shà）：嗓音嘶哑。

⑧ 常：指事物运作的规律。

⑨ 益生：增益生命，指刻意求生。

⑩ 祥：灾祸。

⑪ 强：逞强。

⑫ 壮：强壮。

第五十六章

本章承接前一章进一步阐述了修身的方法和效果，并对达到玄妙大同，即最高境界的德行的种种表现进行了概括。在老子看来，最高境界的道德无私无欲，不露锋芒，与世无争，韬光养晦，混同于尘世，已经超出了普通人对所谓的亲疏、利害、贵贱的认识，以玄妙大同、开阔的心胸与无所偏的心境去对待一切人和物，自然为天下人所尊崇。

原文

知者不言，言者不知。

塞其兑[①]，闭其门，挫其锐[②]，解其纷，和其光，同其尘[③]，是谓玄同[④]。

故不可得而亲，不可得而疏；不可得而利，不可得而害；不可得而贵，不可得而贱。故为天下贵。

译文

知道的人不说话，说话的人不知道。

堵住出口，关起门来，挫去锋芒，消除纷扰，含蓄光耀他们辨识万物的智慧之光，混同尘埃，这就叫作玄妙的大同。

因而，达到玄同境界的人，不可能与他人亲近，也不可能与他人疏远；不可能给予他利益，也不可能让他受到伤害；没有人可以使他尊贵，也没有人可以使他卑贱。所以“玄同”的境界为天下人所珍视。

---

① 兑：出口。

② 锐：锋芒。

③玄同：玄妙大同的境界，此处也是指“道”。

第五十七章

本章中，老子从正反两方面论证了有关治理国家的社会政治思想。一方面，他列举了当时社会混乱的情况，认为天下混乱、民贫和盗贼多是由于“多忌讳”“多利器”“多伎巧”和法令繁多造成的。另一方面，他提出了“无为”“好静”“无事”“无欲”的治国主张。无为之治是一种高度自由放任的政治，要求管理者最大限度减少干预与强制的“作为”，真正让人民“当家做主”，充分尊重并信任人民的权利和能力。老子的无为之治的政治思想，在历史上曾经产生过重要的作用，对今天的世界政治与社会管理仍然有重要的借鉴意义。

原文

以正治国，以奇用兵[①]，以无事取天下[②]。吾何以知其然哉？以此[③]：天下多忌讳[④]，而民弥贫；人多利器[⑤]，国家滋昏；人多伎巧[⑥]，奇物[⑦]滋起；法令滋彰，盗贼多有。

故圣人云，我无为，而民自化[⑧]；我好静，而民自正；我无事，而民自富；我无欲，而民自朴。

译文

以无为清静之道去治理国家，以奇术去用兵，以不扰害人民而治理天下。我怎么知道是这样的呢？根据就在于此：天下的禁忌越多，老百姓就越陷于贫穷；人们的锐利武器越多，国家就越陷于混乱；人们的智巧越多，歪邪的事物就更加兴盛；法令越是繁多，盗贼就越多。

所以有道的圣人说："我无所作为，人们就自我化育；我喜欢清静，人们自然端正；我无所事事，人们就自然富足；我没有私欲，人们就自然淳朴。"

---

① 以正治国，以奇用兵：国家的长治久安与富强昌盛，靠的是正当、合适的治理工作而不是奇谋异术。而用兵则更看重短期效果，成败只在一战之间，故不妨出奇制胜。

② 取天下：治理天下。

③ 以此：以下面这段话为根据。

④ 忌讳：禁忌，避讳。

⑤ 利器：锐利的武器。

⑥ 人多伎（jì）巧：人们的伎巧很多。伎巧，指技巧、智巧。

⑦ 奇物：邪事，奇事。

⑧ 我无为，而民自化：我无为而人民就自然顺化了。自化，自我化育。

第五十八章

本章由政治得失的议论引出祸福互相倚伏、正反互相转化的道理。老子阐述了社会政治和民风之间的关系，由此，他告诫统治者，不要试图通过推行严苛的政治来维持自己的长久统治，这样做会适得其反。老子认识到一切事物都包含正反对立的两面，而且这正反对立的两面的互相转化是不可避免的。“孰知其极？其无正也。”连续两个问句表达了老子对事物正反转化之理的玄奥莫测与难以把握的认识和感叹。

原文

其政闷闷[①]，其民淳淳[②]；其政察察[③]，其民缺缺[④]。

祸兮，福之所倚；福兮，祸之所伏。孰知其极？其无正[⑤]也。正复为奇，善复为妖[⑥]。人之迷，其日固久[⑦]。

是以圣人方而不割[⑧]，廉而不刿[⑨]，直而不肆[⑩]，光而不耀[⑪]。

译文

国家的政治宽厚清明，人民就会淳朴诚实；国家的政治严苛黑暗，人民就狡黠奸诈。

灾祸啊，幸福依傍在它的里面；幸福啊，灾祸藏伏在它的里面。谁能知道究竟是灾祸还是幸福呢？它们没有一成不变的标准。正忽然转变为邪的，善忽然转变为恶的。人们的迷惑啊，时日已经很久了。

因此，有道的圣人方正而不伤人，锋利而不刺伤人，直率而不放肆，光明而不刺眼。

---

① 闷闷：昏昏昧昧的状态，此处有宽厚的意思。

② 淳淳：淳朴厚道。

③ 察察：严厉，苛刻。

④ 缺缺：狡黠，抱怨，不满足。

⑤ 其无正：它们并没有确定的标准。

⑥ 正复为奇，善复为妖：正的变为邪的，善的变成恶的。

⑦ 人之迷，其日固久：人们迷惑于祸福之门，其为时已久矣。

⑧ 方而不割：方正而不割伤人。

⑨ 廉而不刿（guì）：锐利而不伤害人。廉，锐利。刿，伤。

⑩ 直而不肆：直率而不放肆。

⑪ 光而不耀：光亮而不刺眼。

第五十九章

本章讲治国与养生的原则和方法。在老子看来，治理国家和养生的根本原则是一致的，就是“啬”，即收敛、节制的处事原则，韬光养晦，厚藏根基，从而积累深厚的德行，逐渐接近“无为而无不为”的道，这样就会无往而不克。这个道理用于治国，国家就会根深蒂固；用于养生，生命就会长久。

原文

治人事天①，莫若啬②。

夫唯啬，是谓早服③；早服，谓之重积德④；重积德，则无不克；无不克，则莫知其极；莫知其极，可以有国⑤；有国之母⑥，可以长久。是谓深根固柢、长生久视⑦之道。

译文

治理百姓，敬事天地，没有比精神内敛更为重要的了。

爱惜精力，才能够做到早做准备；早做准备，就是不断地积“德”；不断地积“德”，就没有什么不能攻克的；没有什么不能攻克，那就无法估量他的力量；具备了这种无法估量的力量，就可以担负治理国家的重任；掌握了治理国家的原则和道理，国家就可以长久运转。这就是根深蒂固、长久永存的道理。

---

① 治人事天：治理百姓，敬事天地。

② 啬：爱惜，保养。

③ 早服：早做准备。服，从事，服事，指从事于道。

④ 重积德：不断地积德。

⑤ 有国：保国。

⑥ 母：根本。

⑦ 长生久视：长久地维持，长久地存在。久视，指耳目不衰，即长生之意。

第六十章

本章阐述了以“道”治理国家的社会政治思想，提出了一个两千多年来被广为传颂的命题：“治大国，若烹小鲜。”在老子看来，治理国家就和煎小鱼一样，要掌握时机，不能随意翻动，以此告诫统治者在治理国家时应以清静为主，谨慎从事，不可操之过急，搅扰百姓；要以“道”来治理天下，这样人们就不会互相伤害，普天下就会享受到“德”的恩泽。本章形象地说明了老子“无为”的观点：不是无所作为，不是什么都不干，而是掌握时机，顺乎自然，不敢轻举妄动。

原文

治大国，若烹小鲜[①]。

以道莅[②]天下，其鬼不神[③]。非其鬼不神，其神不伤人；非其神不伤人，圣人亦不伤人。夫两不相伤[④]，故德交归焉[⑤]。

译文

治理一个大国，好像煎烹小鱼（不要随意翻动）。

用“道”治理天下，鬼怪就不会作祟；不是鬼怪不显灵，而是显灵也不会伤害人；不是显灵不会伤害人，而是圣人也不会伤害人。鬼怪和圣人都不伤害人，这样就可以让人民享受到德的恩泽了。

---

① 小鲜：小鱼。鲜，鱼。

② 莅（lì）：临，有统率之意。

③ 不神：不显灵，不作祟。

④ 两不相伤：鬼神和圣人都不伤害人。

⑤ 故德交归焉：让人民享受德的恩泽。

第六十一章

本章中老子针对当时兼并战争带来的痛苦，讲到如何处理好大国与小国之间的关系，表达了老子对于处理国与国之间关系的政治主张。在老子看来，国与国之间能否和平相处，关键在于大国，所以他一再提出大国要谦下，不可以凭借强大而凌辱、欺压小国。因此，老子希望大国要有大国的风范，有居于江河下游而使百川归流的品德，而不是以强凌弱、以大欺小。

原文

大国者下流，天下之交①，天下之牝②也。牝常以静胜牡，为其静也，故宜为下也。

故大国以下小国，则取小国；小国以下大国，则取大国。故或下③以取，或下而取。大国不过欲兼畜人④，小国不过欲入事人。夫两者各得所欲，则大者宜为下。

译文

大国要有像居于江河下游那样的美德，使天下百川河流交汇在那里，始终处在天下雌柔的位置。雌柔常以安静守定战胜雄强。

因为雌性安静，所以应该处在下面。

所以，大国对小国谦下礼让，就可以取得小国的拥护；小国能自居于大国之下，就可以被大国容纳接受。所以，有时大国凭借谦下而取得小国的拥护，有时小国因为谦下而被大国容纳接受。大国不过是想把更多的人并过来一起畜养，小国不过是想取得大国的容纳和保护。这样大国小国各得所求，那么大国更应该自居下面，谦下礼让。

---

① 交：交汇。

② 牝：雌性。

③ 下：谦下。

④ 兼畜人：把人聚在一起加以养护。

第六十二章

本章阐述了“道”对于人类社会和人生的重要作用。老子认为，“道”不仅是天下万物的本原，而且是天下最为宝贵的东西。遵行“道”，“美言可以市尊，美行可以加人”；而且“道”能够平等对待“善人”和“不善人”，并能给犯了错的人以改正的机会，只要回复到“道”的正确原则上来，“有罪以免”。因此，“道”是善人的法宝，也是不善之人所想拥有的。

原文

道者，万物之奥[①]。善人之宝，不善人之所保[②]。

美言可以市[③]，尊行可以加人[④]。人之不善，何弃之有？故立天子，置三公[⑤]，虽有拱璧[⑥]以先驷马[⑦]，不如坐进此道[⑧]。

古之所以贵此道者何？不曰：求以得[⑨]，有罪以免[⑩]邪？故为天下贵。

译文

“道”是万物的庇护所。它是善良人的珍宝，不善的人所赖以自保的东西。

美好的言辞可以用于买卖交易。高尚的行为，可以给人施加影响。人即使有所不善，又怎能舍弃他呢？所以在天子即位、设置三公的时候，虽然有拱璧在先驷马在后的隆重献礼仪式，还不如坐着把这个宝贵的“道”进献给他们。

自古以来，人们为什么把“道”看得这样宝贵呢？不正是由于追求并遵行“道”就可以得到满足，犯了罪过，也可得到宽恕吗？所以，天下人才如此珍视“道”。

---

① 奥：藏，这里有庇荫的意思。

② 不善人之所保：不善之人所赖以自保的东西。

③ 美言可以市：美好的言辞，可以用于买卖交易。

④ 尊行可以加人：高尚的行为，可以给人施加影响。

⑤ 三公：周代以太师、太傅、太保为三公。

⑥ 拱璧：指双手捧着贵重的玉。

⑦ 驷马：四匹马驾的车。古代的献礼，轻物在先，重物在后。

⑧ 坐进此道：坐着献上清静无为的道。

⑨ 求以得：有求就得到。

⑩ 有罪以免：有罪的人得到“道”，可以免受灾祸。

第六十三章

本章重申无为的宗旨，“为无为”意味着“无为”本身是一种“为”，可以说是最大的“为”，是对世俗作为的超越。老子提出“报怨以德”，与孔子主张“以直报怨”形成鲜明的主张。“以直报怨”体现了是非分明、爱憎分明、恩怨分明的正直的处世原则。老子的“报怨以德”则别具一种超越的智慧与宽容精神，有利于消弭包括以直报怨所引发的、有关是非恩怨的永无休止的纷争和仇恨。在此章，老子还提出只有从细微的小事、容易的事着手才能解决困难，成就大事。由此也可见，老子在某种意义上对事功的重视。

原文

为无为，事无事，味无味。

大小多少[①]，报怨以德[②]。图难于其易，为大于其细。天下难事，必作于易；天下大事，必作于细。是以圣人终不为大[③]，故能成其大。

夫轻诺必寡信，多易必多难。是以圣人犹难之，故终无难矣。

译文

以顺乎自然无为的态度去有所作为，以不造事端的方法去处理事物，品尝无味之味。

把小看作大，把少看作多，用施舍恩德来报答怨恨。处理困难的事要从容易的地方入手，实现远大的目标要从细微的小事入手。天下的难事，一定从容易的地方做起；天下的大事，一定从微细的部分开始。因此，有“道”的圣人始终不自以为大，这样才能做成大事。

那些轻易发出诺言的人，必定缺乏诚信，把事情看得容易，势必遭受很多困难。因此，有“道”的圣人总是从困难处着眼，就终于没有困难了。

---

① 大小多少：把小看作大，把少看作多。

② 报怨以德：用施舍恩德来报答怨恨。

③ 不为大：（有道的人）不自以为大。

第六十四章

本章承接前一章的辩证法思想，从“大生于小”的观点出发，进一步阐述事物发展变化的质量互变规律，说明“合抱之木”“九层之台”“千里之行”的远大事情，都是以“毫末”“累土”“足下”为开端的，形象地证明了大的东西无不是从细小的东西发展而来的。同时也告诫人们，无论做什么事情，都必须具有坚强的毅力，慎终如始，以免功亏一篑。

原文

其安易持，其未兆易谋；其脆易泮[①]，其微[②]易散。为之于未有，治之于未乱。

合抱之木，生于毫末[③]；九层之台，起于累土[④]；千里之行，始于足下。

为者败之，执者失之。是以圣人无为，故无败；无执，故无失。

民之从事，常于几成而败之。慎终如始，则无败事。

是以圣人欲不欲，不贵难得之货；学不学，复众人之所过，以辅万物之自然而不敢为。

译文

局面安定时容易保持和维护，事故没有出现迹象时容易处理；事物发展尚处于脆弱时容易破灭，事物发展尚处于细微时容易散失。在事情尚未发生时就应该早作准备，在祸乱没有产生以前就应该加以治理。

合抱的大树生长于细小的萌芽；九层的高台从堆积土开始建起；千里的远行是从脚下第一步开始的。

强力作为将会招致失败，执意把持将会遭受损失。因此，圣人顺乎自然，所以不会招致失败；不执意把持，所以不会遭受损害。

人们做事情总是在快要成功时失败。所以当事情快要完成的时候也要像开始时那样慎重，这样就没有办不成的事情。

因此，有“道”的圣人追求别人所不追求的，不看重难以得到的货物；学习别人所不学习的，补救众人经常犯的过错，这样遵循万物的自然本性而不敢轻举妄为。

---

① 泮（pàn）：通“判”，分开，破裂。

② 微：细小，微弱。

③ 毫末：细末，此处指细小的萌芽。

④ 累土：堆土，积土。

第六十五章

本章阐述了为政治国的道理。有人认为，老子在此有推行“愚民”政策的味道，事实上，就老子的本意来讲，是希望人们不要被智巧、争夺搞得心迷神乱，不要泯灭原始的质朴、淳厚的人性，要顺应自然。本章所讲的“愚”，其实就是质朴、自然的另一种表述。

原文

古之善为道者，非以明民①，将以愚之②。

民之难治，以其智多。故以智治国，国之贼③；不以智治国，国之福。

知此两者④，亦稽式⑤。常知稽式，是谓玄德。玄德深矣，远矣，与物反矣⑥，然后乃至大顺⑦。

译文

古往今来善于为道的人，不是教导人民知晓智巧伪诈，而是教导人民淳厚朴实。

人民之所以难以统治，是因为他们有太多的智巧心机。所以用智巧心机治理国家，就会是国家的祸害；不用智巧心机治理国家，才是国家的福祉。

知晓这两种治国方式的差别，也是一个治国的法则。经常通晓这个法则叫作“玄德”。玄德又深远又奥妙，它和具体的事物复归纯真质朴，然后就能达到太平之治。

---

① 明民：使人民聪明。

② 愚之：使之愚昧，使老百姓无巧诈之心，敦厚，善良。愚，愚昧，愚笨，这里有敦厚纯朴的意思。

③ 贼：祸害。

④ 两者：指上文“以智治国，国之贼；不以智治国，国之福”。

⑤ 稽式：法式，法则。

⑥ 与物反矣：“德”和事物复归真朴。

⑦ 大顺：最大的顺利。

第六十六章

本章讲的是“谦下卑弱”的为政治国的道理。老子告诫统治者要处下、居后、不争，具有江河善居下处的德行，才能成为“百谷王”，蓄养万民，而不给人民造成沉重的负担和损害。老子的政治理想，包含了对世俗政治统治者总是居高临下、见利争先的批判。

原文

江海所以能为百谷[①]王者，以其善下之[②]，故能为百谷王。

是以圣人欲上民，必以言下之；欲先民，必以身后之。是以圣人处上而民不重[③]，处前而民不害。是以天下乐推[④]而不厌。以其不争，故天下莫能与之争。

译文

江海之所以能够成为百川汇流的地方，是由于它善于处在低下的地方，所以能够成为百川之王。

因此想要处于人民之上，必须用言辞对人民表示谦下；要想领导人民，必须把自己放在他们的后面。所以有“道”的圣人虽然地位居于人民之上，而人民并不觉得受到了重压；居于人民之前，而人民并不感到受了损害。因此，天下的人民都乐意推戴而不厌弃他。因为他不与人相争，所以天下没有人能与他相争。

---

① 百谷：百川。

② 以其善下之：因为它善于处在下面。

③ 重：累，不堪重负。

④ 推：推戴，拥戴。

第六十七章

本章阐述了“道”的原则及其在政治、军事等方面的具体运用，进一步体现了“无为而无不为”的朴素辩证法思想。老子说，“道”的原则有三条(即“三宝”)，就是:“慈”，即慈爱悲悯;“俭”，即含藏培蓄，不奢侈，不肆为;“不敢为天下先”，即“谦让”“不争”的品德。

原文

天下皆谓我大，似不肖[①]。夫唯大，故似不肖。若肖，久矣其细也夫!

我有三宝[②]，持而保之：一曰慈，二曰俭[③]，三曰不敢为天下先。慈，故能勇；俭，故能广[④]；不敢为天下先，故能成器长[⑤]。

今舍慈且[⑥]勇，舍俭且广，舍后且先，死矣!

夫慈，以战则胜，以守则固。天将救之，如以慈卫之。

译文

天下人都说我大，大而不像个样子。正是因为不像个样子，所以才能大。如果它像个样子，那么“道”早就显得渺小了。

我有三件法宝，保持并珍视它：第一件叫作仁慈，第二件叫作俭约，第三件是不敢争先走在天下人的前面。有了仁慈，所以能勇武；有了俭约，所以能广博；不敢争先走在天下人之先，所以能成为万物之长。

现在丢弃了仁慈而追求勇武，丢弃了俭约而追求广博，舍弃退让而求争先，其结果是走向衰亡。

仁慈，用来征战就能够胜利，用来防守就能坚固。天要帮助谁，就像用仁慈来保护他。

---

① 似不肖：不像具体的事物。

② 三宝：三件法宝，或三条原则。

③ 俭：啬，珍惜，有而不尽用。

④ 广：广大，广博。

⑤ 故能成器长：所以能成为造就万物的首长。器，指万物。

⑥ 且：取。

第六十八章

本章主旨是阐述“不争之德”，而“不武”“不怒”“不与”“为之下”，皆是“不争之德”的具体表现。老子要求人们不逞勇武，不轻易被激怒，避免与人正面冲突，充分发挥人的才智能力，善于利用别人的力量，以不争达到争的目的。老子认为，这是符合天道的，是古老的准则。

原文

善为士者[①]，不武；善战者，不怒；善胜敌者，不与[②]；善用人者，为之下。是谓不争之德，是谓用人之力，是谓配天，古之极[③]也。

译文

善于带兵的将帅不逞勇武，善于打仗的人不轻易发怒，善于胜敌的人不与敌人正面冲突，善于用人的人对人表示谦下。这叫作不与人争的品德，这叫作善于用人的能力，这叫作符合自然之理，这是古代的最高法则。

①善为士者：善做将帅的人。士，即武士，此处作将帅讲。

②不与：不与之交接对敌。与，交接，此可指交战。

③极：极致，最高的法则。

第六十九章

本章承接前一章继续阐述用兵作战的原则和方法，是老子的处世哲学在军事上的应用，体现了他的“居下”“慈柔”“不争”等“无为而无不为”的思想。在他看来，以静制动、以守为攻、以退为进等是用兵的基本原则，这和他的处世哲学是一脉相承的，也体现了老子反对战争的态度。本章“祸莫大于轻敌”和“哀者胜”的用兵原则，是老子总结古代战争而得出的真理。

原文

用兵有言：“吾不敢为主①，而为客②；不敢进寸，而退尺。”是谓行无行③，攘无臂④，执无兵⑤，乃无敌矣⑥。

祸莫大于轻敌，轻敌几丧吾宝。

故抗兵相若⑦，哀⑧者胜矣。

译文

用兵的人曾经这样说：“我不愿主动出击，而宁可采取守势；不敢前进一寸，而宁可后退一尺。”这就是说，布无阵之阵，举无臂之臂，执无兵之兵，那就所向无敌了。

再没有比轻敌更大的祸患了，轻敌几乎丧失了我的“三宝”。

所以，两军实力相当的时候，怀有哀戚悲悯之心的一方可以获得胜利。

---

① 为主：主动进攻。

② 为客：被动应敌。

③ 行无行：布无阵之阵。第一个“行”，布阵之意。下一个“行”是名词，意为行阵，行列。

④ 攘无臂：举无臂之臂。

⑤ 执无兵：执无兵之兵。

⑥ 乃无敌矣：那就所向无敌了。

⑦ 抗兵相若：两军相当。

⑧ 哀：悲愤，沉痛。

第七十章

本章流露出老子对自己怀才不遇景况的感慨。老子希望“道”的理论能被统治者采纳，用“道”来统一人们的思想和治理国家，但事实却相反，“天下莫能知，莫能行”。不过在老子看来，“知我者希”，却正见出“我”的可贵，“被褐而怀玉”，原本是圣人常有的状态。老子感叹世人不能知道、行道，却没有失意怨愤，其思想境界非同一般。

原文

吾言甚易知，甚易行。天下莫能知，莫能行。

言有宗[①]，事有君[②]。夫唯无知，是以不我知[③]。

知我者希，则我贵矣。是以圣人被[④]褐[⑤]而怀玉[⑥]。

译文

“道”的理论很容易理解，很容易施行。但是天下竟没有人能理解，没有人能施行。

“道”在理论上有主旨，指导人们行事有要领。正由于人们无知，因此才不理解“道”。

能理解“道”的人很少，那“道”就更高贵了。因此有“道”的圣人总是外面穿着粗布衣服，怀里揣着美玉。

---

① 言有宗：言论有一定的主旨。

② 事有君：办事有一定的要领。君，主，主脑，可引申指根本、要领。

③ 是以不我知：所以不知道我。

④ 被：穿着。

⑤ 褐：粗布衣服。

⑥ 怀玉：怀揣着知识和才能。玉，美玉，此处引申为知识和才能。

第七十一章

本章阐述的是认识论的辩证法问题，有极其深刻的道理。本章的主旨是人贵有自知之明。在社会生活中，有一些人自以为是，不懂装懂，刚刚了解了事物的皮毛，就以为掌握了宇宙变化与发展的规律；还有些人没有什么知识，而是凭借权力地位，招摇过市，摆出一副智者的架势，用大话假话欺人、蒙人。老子对这些人提出了尖锐的批评。

原文

知不知[①]，尚[②]矣；不知知[③]，病也。圣人不病，以其病病[④]。夫唯病病，是以不病。

译文

知道自己还有所不知，这是很高明的；本来不知道却自以为知道，这就是非常错误的。有“道”的圣人没有缺点，是因为他把不知而自以为知这个缺点当作缺点。正因为他把“不知知”这个缺点当作缺点，所以他才没有缺点。

① 知不知：知道自己不知道，知道自己有所不知。

② 尚：通“上”。

③ 不知知：不知道却自以为知道。

④ 病病：把缺点当作缺点。病，毛病、缺点。

第七十二章

本章阐述了反对高压统治和滥施淫威暴政的社会政治思想，指出了人民反抗斗争的根本原因是其“所居”“所生”受到了威胁。当老百姓不害怕统治者的威胁时，老百姓反抗威胁的时候就要到了。因此，老子告诫统治者要“自知”“自爱”，不要“自见”“自贵”，不张扬自己的意志和权力，就不会有强权压迫了。“不自见”“不自贵”在本质上是对自己的约束，是防止自我膨胀，这样就能给别人、给人民更多的自由。

原文

民不畏威①，则大威②至。

无狎③其所居，无厌④其所生。夫唯不厌，是以不厌⑤。

是以圣人自知不自见⑥，自爱不自贵⑦。故去彼取此⑧。

译文

当百姓不再畏惧统治者的威压时，那么百姓反抗的威胁就要到来了。

不要挤掉百姓的居所，不要阻塞百姓谋生的道路。只有不压迫百姓，百姓才不厌恶统治者。

因此，有“道”的圣人不但有自知之明，而且也不自我炫耀，有自爱之心而不自显高贵。所以，要舍弃“自见”“自贵”，而保持“自知”“自爱”。

---

① 民不畏威：百姓们不畏惧统治者的高压政策。威，镇压和威慑。

② 威：指人民的反抗斗争。

③ 无狎：不要逼迫。狎，通“狭”，意为压迫、逼迫。

④ 厌：指压迫、阻塞的意思。

⑤ 厌：指人民对统治者的厌恶、反抗斗争。

⑥ 不自见：不自我表现，不自我显示。

⑦ 自爱不自贵：指圣人但求自爱而不求自显高贵。

⑧ 去彼取此：指舍去“自见”“自贵”，而取“自知”“自爱”。

第七十三章

本章阐述了老子顺乎自然、“无为而无不为”的人生哲学。首先进一步讲到了柔弱胜刚强的道理，这是因为天道具有柔弱不争的特性，人类应该效法天道，不要逞强斗勇；其次进一步讲到了“无为而无不为”的朴素辩证法思想，“不争”“不言”“不召”“坦然”即“无为”，以此“无为”就可以做到“无不为”；最后，还进一步强调了天道的必然性，得出了一个千古传诵的至理名言——“天网恢恢，疏而不失”。

原文

勇于敢则杀，勇于不敢则活①。此两者，或利或害②。天之所恶，孰知其故？是以圣人犹难之。

天之道③，不争而善胜，不言而善应④，不召而自来，坦然而善谋。

天网⑤恢恢⑥，疏而不失⑦。

译文

勇于逞强就会死，勇于谦让就可以活。勇的这两种结果，有的得利，有的受害。这是天道厌恶一方所造成的，谁知道是什么缘故？有“道”的圣人也难以解说明白。

天道是不斗争而善于取胜，不言语而善于回应，不召唤而使万物自来归附，坦然而善于安排筹划。

天网宽广无边，它看起来很宽疏但并不漏失。

---

① 勇于敢则杀，勇于不敢则活：勇于逞强就会死，勇于谦让就可以活命。

② 或利或害：有的得利，有的受害。

③ 天之道：即天道，指作为宇宙本体以及万物根源和依据而存在的道。

④ 应：回应，指回应万物，应接万物。

⑤ 天网：指天道的力量。

⑥ 恢恢：广大，宽广无边。

⑦ 疏而不失：虽然宽疏但并不漏失。

第七十四章

本章是对统治者的严刑峻法和滥施淫威的暴政的批评抗议。老子认为当时统治者施行苛政和酷刑，滥杀百姓，压制民众，其结果是，一旦人民不忍受了，就不会畏惧死亡。人的自然死亡，是从“司杀者杀”的天道掌管的，但人间的君主残暴无道，把人民推向死亡线，这从根本上悖逆了自然法则。老子警告统治者，杀人者是不会有好下场的，是“希有不伤其手”的。

原文

民不畏死，奈何以死惧之？若使民常畏死，而为奇[①]者，吾得执[②]而杀之，孰敢？

常有司杀者[③]杀。夫代司杀者[④]杀，是谓代大匠斫[⑤]。夫代大匠斫者，希有不伤其手矣。

译文

人们不畏惧死亡，怎么能用死来吓唬他们呢？假如人们经常畏惧死亡，那么对于为非作歹的人，我们就把他抓来杀掉，谁还敢为非作歹呢？

因此总是有负责行刑的人去执行杀人的任务。但是代替负责行刑的人去杀人，就如同代替高明的木匠去砍木头。那代替高明的木匠砍木头的人，很少有不砍伤自己手的啊。

---

① 为奇：作邪恶的事情。奇，奇诡、诡异。

② 执：拘押。

③ 司杀者：指负责行刑的人。

④ 代司杀者：代替负责行刑的人。

⑤ 斫（zhuó）：砍，削。

第七十五章

本章比较深刻地分析了社会混乱的真实原因，对统治者施加给老百姓的政治压迫进行了抨击。在此，老子对老百姓的饥荒、难以统治以及敢于造反闹事的原因进行了比较客观的分析，指出其根本原因是统治者私欲太重、过分贪婪，并警告统治者，这是不明智的，是不会有好结果的。因此，老子认为，宽容的政治，比暴虐的政治要高明得多。

原文

民之饥，以其上食税之多，是以饥。

民之难治，以其上之有为[①]，是以难治。

民之轻死，以其上求生之厚[②]，是以轻死。

夫唯无以生为[③]者，是贤[④]于贵生[⑤]。

译文

百姓所以遭受饥荒，就是由于统治者吃的赋税太多，所以百姓才陷于饥饿。

百姓之所以难以统治，是由于统治者政令苛刻、胡作非为，所以百姓就很难统治。

百姓之所以不怕死，是由于统治者过分追求生活享受，把民脂民膏搜刮干净，所以百姓敢于冒死反抗。

那种不刻意从事于求生的人，胜于过分爱重生命的人。

---

① 有为：有所作为，指繁苛的政治、统治者强作妄为。

② 以其上求生之厚：由于统治者养生的物质太丰厚奢侈。

③ 无以生为：不把厚生奢侈作为追求的目标。

④ 贤：胜过、超过。

⑤ 贵生：厚养生命。

第七十六章

本章进一步阐述了柔弱胜刚强的道理，重申了老子贵柔的基本思想，以及这一思想在军事上的应用。指出逞强斗勇是用兵的大忌。在老子看来，柔弱意味着生长，坚强意味着死亡。这种观念，既符合老子一向所强调的事物相反相成、相生相克的辩证思想，又确实能够在经验世界中得到某种印证。

原文

人之生也柔弱[①]，其死也坚强[②]；草木之生也柔脆[③]，其死也枯槁[④]。故坚强者死之徒[⑤]，柔弱者生之徒[⑥]。

是以兵强则灭，木强则折。强大处下，柔弱处上。

译文

人活着的时候身体是柔软的，死了以后躯体就会变得僵硬；草木活着的时候形质是柔软脆弱的，死了以后就变得干硬枯萎了。所以坚强的东西属于死亡的一类，柔弱的东西属于具有生命的一类。

因此，用兵逞强就会遭到灭亡，树木强大就会遭到砍伐摧折。所以强大处于劣势，柔弱的居于优势。

① 柔弱：指人活着的时候身体是柔软的。

② 坚强：指人死了以后身体就变成僵硬的了。

③ 柔脆：指草木形质的柔软脆弱。

④ 枯槁：形容草木的干枯。

⑤ 死之徒：属于死亡的一类。徒，类的意思。

⑥ 生之徒：属于生存的一类。

第七十七章

老子以“天之道”来与“人之道”做对比，表达了老子对社会不公以及剥削制度的不满和抗议。老子把自然界保持生态平衡的现象归之于“损有余而补不足”，在老子看来，“天之道”是最高的原则，“人之道”应该效法并顺应“天之道”。反其道而行之，是逆天行事，乃是邪恶的，只有有道的人能够顺应天道，损有余以奉天下之不足。

原文

天之道，其犹张弓与？高者抑之，下者举之；有余者损之，不足者补之。

天之道，损有余而补不足；人之道[①]则不然，损不足以奉有余。

孰能有余以奉天下[②]？唯有道者。

是以圣人为而不恃，功成而不处。其不欲见贤。

译文

天道运行的法则，就像张弓射箭一样吗？弦拉高了就把它压低一些，弦拉低了就把它举高一些；拉得过满就把它放松一些，拉得不足就要再用一些力。

天道运行的法则，是减少有余的来补给不足的，可是人世的规则却不是这样，反而是减少不足的来供奉给有余的人。

那么，谁能够把有余的财务供奉给天下不足的人呢？只有有“道”的人才可以做到。

因此，有“道”的圣人有所作为而不自恃己能，有所成就而不自居有功。他不愿意显示自己的贤能。

---

① 人之道：指人类社会的一般法则、律例。

② 孰能有余以奉天下：谁能够把有余的财物供奉给天下不足的人。

第七十八章

本章论述以柔克刚、正言若反的道理。本章先用水做比喻来说明弱胜强、柔胜刚的道理，比较形象地阐明了老子的所谓柔弱绝不是人们通常意义上的软弱无力。紧接着说明能够承受屈辱的人、敢于承担责任的人才能成为“社稷主”“天下王”。只是这种承受，乃是“慈故能勇”的担当，而不是无能为力的承受，更不是不知道羞耻的忍耐。

原文

天下莫柔弱于水，而攻坚强者莫之能胜，以其无以易之[①]。

弱之胜强，柔之胜刚，天下莫不知，莫能行。

是以圣人云：“受国之垢[②]，是谓社稷[③]主；受国不祥[④]，是为天下王。”正言若反[⑤]。

译文

普天之下再没有什么东西比水更柔弱了，但是攻坚克强却没有什么东西可以胜过水，因为水柔弱而又具有力量的品质是无法改变的。

弱能胜强，柔能胜刚，普天下没有人不知道这个道理，但是没有人能够实行。

所以，有“道”的圣人这样说：“能够承担全国的屈辱，才能成为国家的君主；承担国家的祸灾，才能成为天下的君王。”正面的话好像反说一样。

---

① 无以易之：没有什么能够改变它。

② 受国之垢：承担全国的屈辱。垢，屈辱。

③ 社稷：古代帝王祭祀的土神和谷神，后用以代指国家。

④ 受国不祥：承担全国的祸难。不祥，灾难、祸害。

⑤ 正言若反：正面的话好像反话一样。

第七十九章

本章先由“和大怨，必有余怨”说起，老子认为硬要调和大怨，必会留有余怨，这样做是不能称作善的。这就说明必须承认、正视冤仇怨恨的客观存在，积怨难消，光靠调和是不能消除大怨的。由此引出下文“是以圣人执左契，而不以责于人”，“不以责于人”是不向人讨债，这是对得失恩怨的超脱，能有效防止并消除怨隙；相反，向人讨债往往最容易产生怨隙。这说明超越恩怨的计较才能真正消除怨恨。“报怨以德”并不是无视“怨”的存在，也不是稀里糊涂和稀泥，而是基于超越的智慧和品德而作出的自觉选择。“圣人执左契”这一句说明老子虽然主张“不以责于人”，主张超越于得失恩怨之外，但是仍然主张保留凭据，而不是什么都抹掉，什么都抹掉的做法与“和大怨”一样，都是“和稀泥”，都是对事实的回避和否认。

原文

和大怨，必有余怨，报怨以德，安可以为善？

是以圣人执左契[①]，而不责[②]于人。有德司契，无德司彻[③]。

天道无亲[4]，常与善人。

译文

和解深重的怨恨，必然还会留下残余的怨恨，用德来报答怨恨，这样做怎么可以算是妥善处理的办法呢？

因此，有“道”的圣人持有刻有借贷人姓名的借据，但并不以此强迫借贷人偿还债务。有“德”之人就主管合同，无“德”之人就掌管税收。

天道虽然对任何人都没有偏爱，但永远帮助有“德”的善人。

---

① 左契：债权人所执的券契（合同）。古代借贷财物金钱，刻木竹为契，剖分左右，借贷双方各执一半以为凭据，左契由债权人执有，类似今天的借据。契，契约、合同。

② 责：索取，讨债。

③ 司彻：掌管税收。彻，周朝税法的名称，这里指税收。

④ 无亲：没有偏亲偏爱。

第八十章

本章描述了老子所设计的理想社会的情景，也即“小国寡民”的社会政治理想。在老子的心目中，国家越小越好，人口越少越好，邻国相望，鸡犬之声相闻，而人们却老死不相往来。那里民风淳朴敦厚，生活安定恬淡，没有强权和暴力，没有压迫和欺诈。他所描述的理想社会也从反面表现了他对春秋后期充满贪欲与扩张意识的社会现实的不满与厌弃。

原文

小国寡民①。使②有什伯之器③而不用，使民重死④而不远徙⑤。虽有舟舆⑥，无所乘之；虽有甲兵⑦，无所陈⑧之。使人复结绳⑨而用之。

甘其食，美其服，安其居，乐其俗。邻国相望，鸡犬之声相闻，民至老死，不相往来。

译文

使国家的疆域变小，使人们稀疏散居。即使有各种各样的器具却不使用；使人们重视生命，而不向远方迁徙。虽然有船只车辆，却不必去坐它；虽然有武器装备，却没有地方去布阵打仗。使人们再回到远古结绳记事的自然状态之中。

人们都认为自己的饮食香甜，认为自己的衣服漂亮，认为自己的居所安适，认为自己的风俗快乐。邻国之间互相望得见，鸡犬的叫声都可以互相听得见，但人们从生到死也不互相往来。

---

① 小国寡民：使国家变小，使人民稀疏散居。

② 使：即使。

③ 什伯之器：各种各样的器具。什伯，多种多样。

④ 重死：看重死亡，即不轻易冒着生命危险去做事。

⑤ 徙：迁移，远走。

⑥ 舆：车子。

⑦ 甲兵：武器装备。

⑧ 陈：陈列，引申为布阵打仗。

⑨ 结绳：文字产生以前，人们以绳记事。

第八十一章

本章是《道德经》全书的结束语，从三个方面阐述了为人处世的根本道理。一是用格言警句式的语言，通过对诚实、善良、明智等的分析，表达了老子的人生哲学。二是对圣人无私无欲的赞扬，他们尽力助人，自己反而富有；尽力施与，自己反而丰裕，这包含着深刻的哲理。三是由天道推及人道，认为天道利万物，以此警告统治者治理国家时要多让利于民，不要与民夺利。

原文

信言①不美，美言②不信。

善者③不辩④，辩者不善。

知者不博⑤，博者不知。

圣人不积⑥，既以为人⑦，己愈有；既以与人，己愈多⑧。

天之道，利而不害⑨；圣人之道⑩，为而不争。

译文

诚实可信的话不华美，华美的话不会诚实可信。

善良的人不会巧辩，巧辩的人不善良。

真正有知识的人不一定广博，广博的人未必真有知识。

圣人不积聚财富，而是尽力帮助别人，他自己也更为充足；他尽力给予别人，自己反而更丰富了。

天道是让万事万物都得到好处而不伤害它们；圣人的行事准则是有所作为而无所争夺。

---

① 信言：真实可信的话。

② 美言：华丽的言辞。

③ 善者：善良的人。

④ 辩：巧辩，能说会道。

⑤ 博：广博，渊博。

⑥ 圣人不积：有道的人不积聚财富。积，积藏。

⑦ 为人：有为于人，指施利于人。

⑧ 多：与“少”相对，此处为“丰富”。

⑨ 利而不害：使万物得到好处而不伤害万物。

⑩ 圣人之道：圣人的行为准则。

名句索引

《道德经》

养生

1. 持而盈之，不如其已；揣而锐之，不可长保。

——第九章

2. 五色令人目盲，五音令人耳聋，五味令人口爽，驰骋畋猎令人心发狂，难得之货令人行妨。

——第十二章

3. 祸莫大于不知足，咎莫大于欲得。

——第四十六章

修身

1. 圣人后其身而身先，外其身而身存。

——第七章

2. 居善地，心善渊，与善仁，言善信，政善治，事善能，动善时。

——第八章

3. 宠辱若惊，贵大患若身。

——第十三章

4. 夫唯不盈，故能蔽而新成。

——第十五章

5. 致虚极，守静笃。

——第十六章

6. 俗人昭昭，我独昏昏；俗人察察，我独闷闷。

——第二十章

7. 不自见，故明；不自是，故彰；不自伐，故有功；不自矜，故长。

——第二十二章

8. 自见者，不明；自是者，不彰；自伐者，无功；自矜者，不长。

——第二十四章

9. 知其雄，守其雌。

——第二十八章

10. 知人者智，自知者明。

——第三十三章

治国

1. 处无为之事，行不言之教。

——第二章

2. 不尚贤，使民不争；不贵难得之货，使民不为盗；不见可欲，使民心不乱。

——第三章

3. 鱼不可脱于渊，国之利器不可以示人。

——第三十六章

4. 不欲以静，天下将自正。

——第三十七章

5. 故贵以贱为本，高以下为基。

——第三十九章

6. 取天下常以无事，及其有事，不足以取天下。

——第四十八章

7. 不可得而亲，不可得而疏；不可得而利，不可得而害；不可得而贵，不可得而贱。

——第五十六章

军事

1. 以道佐人主者，不以兵强天下。

——第三十章

2. 兵者不祥之器，非君子之器，不得已而用之，恬淡为上。

——第三十一章

3. 善战者，不怒；善胜敌者，不与。

——第六十八章

4. 抗兵相若，哀者胜矣。

——第六十九章

名著知识要点

作者及作品	老子，又称老聃，姓李，名耳，字伯阳。楚国苦县厉乡曲仁里人。是我国古代伟大的哲学家和思想家，作品有《道德经》(又称《老子》)，其作品的精华是朴素的辩证法，他主张无为而治，其学说对中国哲学发展具有深刻影响。 《道德经》，是先秦主要文化典籍之一。《史记·老子韩非列传》:“关令尹喜曰:‘子将隐矣，强为我著书。’于是老子乃著书上下篇，言道德之意五千余言而去。”汉河上公作《老子章句》，分为八十一章，以前三十七章为《道经》，后四十四章为《德经》，故有《道德经》之名。但①⑨⑦③年长沙马王堆三号汉墓出土的《老子》抄写本，《德经》在《道经》之前。道教奉之为主要经典，称其为《道德真经》。
地位与影响	老子及其哲学思想，对中国古代思想文化的发展做出了重要贡献，对中国两千多年来思想文化的发展产生了深远影响。
作家作品评价	尼采认为:“老子思想的集大成——《道德经》，像一个永不枯竭的井泉，满载宝藏，放下汲桶，垂手可得。” 鲁迅认为:“不读《道德经》一书，不知中国文化，不知人生真谛。” 胡适认为:“老子是中国哲学的鼻祖，是中国哲学史上第一位真正的哲学家。”

续表

文章主旨	《道德经》以“道”解释宇宙万物的演变，“道”为万物之源，同时又具有“独立而不改，周行而不殆”的永恒意义。《道德经》书中包含大量朴素辩证法观点，如一切事物均具有正反两面，并能向对立面转化，是“反者道之动”“正复为奇，善复为妖”“祸兮，福之所倚；福兮，祸之所伏”。又如世间事物均为“有”与“无”的统一，“有无相生”，而“无”为基础，“天下万物生于有，有生于无”。
艺术特色	论述精辟，意义丰富。 矛盾统一，相互依存。 正言若反，委婉曲折。 语调铿锵，对仗工整。

阅读达标测试——高考真题回放

（2009 北京卷）

用斜线（/）给下面文言文断句。（5 分）

天之道其犹张弓与高者抑之下者举之有余者损之不足者补之天之道损有余而补不足人之道则不然损不足以奉有余孰能有余以奉天下唯有道者是以圣人为而不恃功成而不处。

（取材于《道德经·第七十七章》）

参考答案

阅读达标测试——高考真题回放

天之道/其犹张弓与/高者抑之/下者举之/有余者损之/不足者补之/天之道/损有余而补不足/人之道则不然/损不足以奉有余/孰能有余以奉天下/唯有道者/是以圣人为而不恃/功成而不处。